U0609129

与最聪明的人共同进化

HERE COMES EVERYBODY

互联互通的金融大时代

小加随笔

李小加　著

中国金融出版社

|序言|

让世界走向中国

不是我不明白，这世界变得太快。

变化，大概是这个世界唯一不变的趋势。与时俱进，我们就能处于不败之地；稍有疏忽，我们就可能被这个时代边缘化。对于香港金融市场来说，尤其如此。

纵观香港经济和金融市场的历史，可以说是一部随时代变化不断迭代与升级的历史。尤其是过去几十年，凭借大胆实干、灵活应变的精神，香港成功把握住改革开放的机遇迅速转型，从一个区域性证券市场，成长为举世瞩目的国际金融中心。

过去几十年，香港为改革开放主要做了三件大事：第一，转口贸易；第二，外商直接投资（FDI）；第三，资本市场的大发展。转口贸易给内地带来了第一桶金，外商直接投资把中国变成了世界的工厂，而香港资本市场的大发展则为中国内地源源不断地输送了发展经济的宝贵资本。从 1993 年 H 股诞生开始，一家又一家内地公司在香港上市募集来自全球的资金，发展成了今天世界上最大的电信公司、能源公司、银行和保险公司。

这三件大事都有一个核心主题，那就是为中国内地输入资本，因为那个时候内地很缺钱。随着经济的发展和国家的富裕，现在的内地已经很不差钱，甚至正在逐渐开始资本输出。未来几十年，香港应当如何找到自己新的定位?

在我看来，香港未来也有三件大事要做。

第一件事是帮助内地国民财富实现全球配置。从几年前开始，内地的国民财富逐渐开始从房地产和银行储蓄走向股市和债市，从单一的国内资产配置走向全球分散配置的历史性“大搬家”。一些“勇敢的人”已经开始将资产直接投资海外，但绝大多数中国投资者还暂时没有能力直接“闯世界”。以沪港通和深港通为代表的互联互通，正是为了把世界带到中国门口的香港地区，让中国内地居民可以“坐在家里投世界”。

第二件事是帮助中外投资者离岸管理在岸金融风险。人民币已经成功加入国际货币基金组织特别提款权（SDR）的货币篮子，未来人民币国际化程度还会加快。今天的内地市场，利率与汇率尚未完全开放，内地的债券与货币衍生品市场也还没有建立成熟的风险管理机制。内地衍生品市场的缺失使得大量有意持有中国资产（包括股票、债券与货币）的国际投资者在国门外望而却步。香港拥有国内外投资者都认可和熟悉的法制和语言环境，完全有条件开发符合双方投资者需求的产品，发展成为亚洲时区内最主要的国际风险管理中心。

第三件事是帮助中国实现商品与货币的国际定价，为内地的资金定价海外资产提供舞台。未来几十年，中国的投资者将学着走向世界，用中国的钱来“定价”海外的公司股权和大宗商品；同时，也要用中国的购买力让越来越多的国际权益与商品以人民币定价，这样，中国就能在全球范围内逐步掌握人民币汇率与利率的定价权。

在这个互联互通的金融大时代，在不断变化的全球格局中，香港应该如何做好这三件大事？这是香港交易所近几年需要思考的一个重要问题。

作为香港证券与衍生品市场的营运者和监管者，香港交易所集团最重要的使命就是紧跟时代步伐，引领和推动市场的发展。在此过程中，我们必须向市场耐心解释我们的初衷；我们必须仔细聆听市场各方的声音；我们既要有担当，勇于决策，更要尊重程序正义、凝聚市场共识，充分兼顾各方的利益。而在凝聚市场共识的过程中，大家总会有很多思想火花的碰撞和激烈的讨论。

为了让更多的人能够了解我们的所思所想，也为了让更多的人能够参与这些激烈的讨论，我尝试着写一些大白话的文章来分享我对金融市场的一些浅见，以抛砖引玉，集思广益。几年下来，竟然也抛了几十块“砖头”。

今天，我把这些“砖头”收集起来，整理成这本《互联互通的金融大时代》，希望能对大家了解香港金融市场有所帮助。

在撰写文章的过程中，我得到了香港交易所许多部门和同事的帮助，这些文章是我们大家集体智慧的结晶，我衷心感谢所有为文章提出宝贵建议的同事。陈涓涓女士率领的企业传讯部为文章的创作和发布倾尽全力，尤其是钱杰女士对文章的润色和修改付出了大量心血，在此，我向她们表示衷心的感谢。

由于本人学识有限，文章中难免会出现一些错误，说得不对的地方，还请读者指正和原谅。

李小加
香港交易及结算所有限公司　集团行政总裁
2018 年 9 月 20 日

|目录|

第二部分 资本的逻辑与监管的抉择

任何改革都面临成本和风险，我们在顾虑改革的成本和风险的同时，却往往容易忽视不改革的成本与风险，因为不改革的成本与风险经常要在若干年之后才会显现，付出代价者很可能是下一代人。面对挑战，我们这一代人是不是应该更勇敢地担当起我们的责任呢？

|第三部分| 互联互通与共同市场

互联互通的不断延伸为香港资本市场的发展提供新的动力，让香港的国际金融中心地位更加巩固。互联互通时代，香港的作用和任务，就是把世界的“货”带到香港来，让中国人在家里投资世界。

|第四部分| 共同推进人民币国际化

人民币国际化之于中国有如“养儿子”：不能不养，又不能急于获得回报，而且要花钱、费力、担风险。香港在初始阶段可以成为人民币国际化的“幼儿园”，让这个“儿子”快速成长，成为他日后走出国门的第一站。

|第五部分| 大宗商品交易市场的突破

香港资本市场传统上是一个股票市场，在过去20年里一直是中国企业首选的海外融资中心。随着中国经济的快速崛起和内地资本市场的开放与发展，香港资本市场的功能也开始逐步转型。在今后的20年里，香港将会发展成为集股票、大宗商品与外汇为一体的全方位国际金融中心。

| 第六部分 | 随想录

尽管世界变得撕裂和难测，心怀希望和梦想的人们，只要不懈努力，总会一点一点进步。即便是面对挫折身处逆境，不要绝望，梦还是要做的！若处处自我设限不敢想、不尝试，梦想未圆又能怪谁？

第一部分

香港金融业的大时代

香港交易所怀揣着一个远大梦想，这个梦想就是连接世界与中国、重塑全球市场格局。我们希望把香港交易所这所“房子”建得更好、更大、更稳固、实用率更高、吸引四方宾客，最终给市场和投资者创造巨大的商机。

01

香港交易所新年展望：我们是否过于专注中国内地市场？

2013 年的香港正处于向国际金融中心发展的重要转折期。过去 20 多年，中国迅速崛起并成为世界第二大经济体。通过抓住中国在发展过程中的商机并服务于中国经济整体需求，香港地区亦取得了骄人的增长。自 20 世纪 90 年代起，香港地区一直是内地企业走向国际的首要融资平台，帮助当时的中国迈出了改革开放的重要一步。

不过，中国发展的需求不断演变，我们亦必须相应地做出调整。香港交易所《战略规划 2013—2015》阐述了我们对未来几年内地市场发展方向的判断，以及在其影响下香港地区发展的可能路径。在这一关键时期，市场上有些声音质疑我们似乎过于专注内地市场。有人曾问我："我们为何如此重视内地市场？我们是否把太多的鸡蛋放在了同一个篮子里？我们为何不先走向国际化，然后再回头关注内地市场？”对于类似的问题与疑惑，我想谈谈个人的一些浅见，以希望得到更多市场人士的理解，并以此抛砖引玉，听取大家的意见反馈。

问 一、我们是否过于专注内地市场？

香港是中国的一部分，但同时也是全世界最国际化的大都市之一。香港处在“一国两制”体制下，在过去，香港把这个独一无二的“双重特性”发挥得淋漓尽致，取得了辉煌成绩；如果将来也能恰当运用，香港就能延续辉煌。内地虽然只是这个“双重特性”的其中一面，却是我们整体计划的关键一环。请允许我在下面打一比方说明。

设想你在筹办一个派对，而且你想把它办成一个全城瞩目的盛事，关键问题是怎样才能邀请到城中最重要、最多的客人。我们都知道，人们参加派对，通常是为了遇见那些在其他场合中不轻易碰到的人。作为派对的主人，你需要仔细考虑邀请的优先次序，分辨出那些对其他客人极具吸引力的“核心”人物，首先邀请并落实他们的参与。

在香港地区，我们所做的就是筹办一个资本市场的“派对”，让无论是来自中国内地还是海外的投资者能在这里相遇、相识，让这个“派对”成为全球必去的盛会之一；而中国内地便是这个“派对”的“核心”嘉宾。对于中国内地这位嘉宾而言，香港地区的“派对”提供了其试验金融与资本市场开放的平台，让它能够“摸着香港这块熟悉的石头”迈出踏出国门的第一步；对于我们这个“筹办方”而言，中国内地的到来是对其他海外客人的莫大吸引力。正所谓“物以类聚，人以群分”，在我们的市场，独特的投资产品与机会吸引最多的投资者，而投资者又吸引更多的投资者，流动性吸引更大的流动性。

香港交易所过去 20 多年的发展历程验证了上述“派对”模式的成功性。20 多年前，香港交易所从一个本土交易所起步，看准了内地企业来港上市的浪潮，不遗余力地吸引内地发行人来港进行首次公开发行与上市；与此同时，被这些内地企业与香港这个国际平台所吸引，一批又一批的国际投资者慕名而来，其数量前所未见。最终，香港交易所由一个本土交易所成功转型为在股票及其衍生产品方面领先的国际交易所。对我们的市场参与者和股东来说，香港交易所过去 20 多年的成功就是最好的“派对”。更重要的是，香港已经成为筹办这类中外结合“派对”的最有经验的能手；而香港过去 20 多年中累积的成功经验，将令我们在未来筹办更多、更大型中外结合“派对”时更有优势。我们若不能充分发挥、利用这项已经建立起来的独特优势，就等于将过去 20 多年的心血白白浪费掉。

问 二、为什么我们开始潜心发展定息产品、货币及商品市场，而不只专注于开发股票证券这个传统核心业务？

基于上述原因，我们在首个“派对”取得空前成功之后，责无旁贷地应该着手筹办下一个更大的盛会，邀请更多、不同的嘉宾。香港地区今天面对的最大机遇是中国资本、金融及商品市场开放的提速。随着中国开始由资本进口国转型为资本出口国，香港地区需要从中国离岸集资中心这个传统角色，加速转型成为一个能够提供全方位股本、定息、货币及商品产品的综合性国际金融中心。在这个千载难逢的良机面前，我们不仅有责任而且有能力确保香港成为中国走向世界的第一站。

在股票证券方面，除了进一步发展我们的IPO及二级市场增发业务以外，我们下一个“派对”的焦点将转为邀请内地投资者前赴香港，并以此吸引更多国际企业来港上市融资，而这恰恰是香港过去20多年股票市场故事的另一面。假以时日，中国内地投资者在香港市场中的结构性增长将会吸引更多的国际投资者。而对于那些已在香港的本地与国际投资者，我们会致力于降低他们参与内地资本市场的门槛。若我们能成功促成香港市场、内地市场、国际市场的互联互通，香港将无愧于其东西汇合枢纽的称号。所以说，我们不仅没有忽略我们传统的股票核心业务，反而是在更积极地强化核心业务，同时推动市场结构转型，为日后资金跨境双向流动的大势做好准备。

在商品产品方面，港交所是一个新手，我们充分意识到由零开始筹办一个“派对”将何其艰巨。香港并没有很多筹办这类“派对”的经验，但历史的巨轮给我们呈现了这个稍纵即逝的机会。我们知道，作为世界许多大宗商品最大的生产国和消费国，中国需要加速开放内地商品市场、促进内地与国际商品市场的互通，以获取与其经济实力相匹配的国际影响力。同时，国际商品市场的参与者也能够通过香港为中介，基于国际最佳惯例和标准，以更公平、公开、可持续的方式来参与内地在岸商品市场的发展。

收购伦敦金属交易所（LME）是我们构建商品平台的重要一环。虽然它不能解决我们在发展商品交易与结算平台中的所有挑战，但此举是我们的第一枪。它告诉世界，香港能够成为世界级的商品中心，能够为中国商品界宾客提供大胆迈向国际的第一站。

在定息与货币产品方面，我们知道，中国热切地希望并大力推进人民币国际化。中国内地与国际通过香港地区实现股票市场与商品市场上的互联互通，一定会以人民币产品为主旋律。这必将带来人民币大规模的增量出境，并以投资货币、交易货币等形式更长久地沉淀于离岸市场。这将为离岸人民币定息与货币产品的交易与结算带来巨大的发展空间与机遇。

香港当前所面临的巨大挑战和机遇，就是克服自己信心与经验的不足，抓住历史机遇，勇敢承办这个“奥运会”级的历史性“派对”，既能切合中国和国际投资者各自的战略目标和需求，又能使双方宾至如归、共同创造价值。借鉴历史，我们需要再次把目光聚焦内地，务求邀请内地成为我们的“核心”嘉宾。

那么回到面前的问题：为何要专注中国内地而不是国际？我们的目标是两者兼得，因为两者环环相扣、互为因果。我们的目标并不是成为纯粹的中国交易所、区域交易所或者只关注国际市场的国际交易所，如我们在三年战略规划中所说的，我们的愿景是要成为中国客户走向世界以及国际客户进入中国的首选全球交易所。

在推行各项规划之际，我热切期盼跟大家讨论分享更多话题，包括 LME 的整合、经纪业界的发展、市场互联互通，以及建设香港成为顶尖国际金融中心的发展路径。

2013 年 2 月 14 日

02

翻新加固“大房子”，支撑香港市场的长远发展

香港交易所在过去几年投资、收购、改革与求变，动作频频，引起不少关注。经常有朋友问我，为什么要做这么多？为什么要现在做？它们之间有什么内在的联系？不做是不是不行，做了是不是一定有成效？成效何时来？我想借这篇文章“温故而知新”。

在我看来，我们过去几年的努力就像是翻新巩固一栋“大房子”。我们的第一要务便是加固房子的根基。为此，我们投资于核心基础设施，建成了将军澳新数据中心（其中包括设备托管服务）、提升了交易平台（AMS/3.8），并且还将继续投资于领航星系统工程等。这些措施可能投入大，回报较慢。但香港市场在巨大的发展机会面前，必须加固与更新其业务发展的核心基础设施。在此，香港交易

所并无其他选择。这些措施将垒实香港市场的根基，支撑香港市场的长远发展。

我们做的第二件事便是搭建新平台，这相当于为房子加盖新的楼层，不仅是适应今天的需求，更加是为马上到来的明天做准备。我们的措施远的如金砖五国交易所联盟，近的如中华交易服务公司（与内地两大交易所的合资公司）、自建的场外结算所以及收购而来的伦敦金属交易所（LME），这些新的业务、地区与资产发展平台能使香港交易所跨越传统股票业务，让它在中国资本市场逐步开放的大潮中获得更加广阔和可持续发展的平台。

一所牢固的“房子”不仅要有坚实的根基、广阔与多层次的平台，而且要有一道安全的防火墙。我们从 2011 年开始花了大力气改革香港交易所的清算风险管理体系，大大提高了香港金融市场的稳健水平和抗压能力，相当于为香港交易所加固了防火墙。虽然这并不是让人激动的增长点，却使市场的长远发展少了后顾之忧。

有了前面的基础、平台、防火墙，香港交易所这栋“大房子”就能基本屹立不倒，但我们不能止步于此。所以在 2013 年我们开始仔细审视“房子”的微结构，并做必要的“装修”与改造，使其运营得更加合理和有效。例如，刚刚推出的股票期权市场改革，从交易费、庄家服务、合约设计等几个方面，审视一些采用多年但未必再适应市场发展的微结构。这些微结构如果改造好了，就能与世界上通用的“房子”标准更一致，释放出来的能量可以更大。当然，还有不少市场微结构的改革在不同市场参与者之间存在着较大的争议与质疑，比如收市竞价、隐名交易等，我们会多倾听市场的意见与声音再考虑改革措施的方式和最佳时机。

光把自己房子修整得焕然一新还是不够的，我们的最终目标是让各方宾客齐集香港，客似云来，所以我们要搭建与中国内地和国际市场的连通。这方面，我们从人民币功能与交易时间入手。一方面，我们推出了人证港币交易通、人民币港币双柜台交易、人民币期货等，为的就是迎接不断加速的人民币国际化进程，为日后内地资金来港而做准备；另一方面，我们修改交易时间、加开期货夜市，为的就是与内地市场与国际市场的交易时间接轨，为互联互通的加快实现提供条件。

这些措施对我们的财务又有什么影响呢？这些举措有着不同的特征。数据中心投入大，属于成本中心；建成后，折旧成本将会在收入增长来临之前对利润率产生压力。相反，金砖联盟和沪港深合资公司的投资很小，但品牌影响和战略意义重大。至于 LME，它是香港交易所目前最大的一笔战略投资。中长期来看，它会是香港交易所未来发展最重要的发动机之一。但由于 LME 收费还未充分商业化，加上 LME 正经历最重要的建设投资阶段，LME 对香港交易所财务贡献还很有限。它对香港交易所的最有形贡献，应会体现在促进香港交易所与内地市场大幅提前实现互联互通。

以上措施，如果每个单独来看，可能不全是惊天动地的创举，甚至可能给人繁多、杂乱的感觉。但事实上，许多的举措是一环扣一环的，放在一起，在市场机会来临时便能释放出巨大能量。例如，当初修改交易时间、让香港开市时间与内地市场同步，因为交易量并未同步增加，市场反响很大。现在回过头看，近两年与A股相连产品、特别如人民币A股交易所买卖基金（ETF）的涌现，相当大程度归功于开市时间的同步。若未来A股期权期货产品相继推出，互联互通逐渐形成，两地市场若仍要承受开市时间错位的风险，情况实在难以想象。

无疑，在如此短的时间里集中推出如此多的措施，也对市场特别是我们的中小经纪带来相当的影响与困惑。对于业界的难处，我们深深理解，我们也在决策、执行与实际选择上尽量减少可能的负面影响。我深信，有一些成果可能来得比大家想象中的更快、更多。

过去几年里，大家给了香港交易所许多耐心和莫大帮助，我深表谢意。我的目标是，把香港交易所这栋“房子”建得更好、更大、更稳固、实用率更高、吸引四方宾客，最终给市场和投资者创造巨大的商机。

2013年5月8日

03

自贸区来了，香港怎么办？

备受关注的上海自贸区终于揭开了神秘的面纱。在内地，上海自贸区引发了人们对于进一步改革开放的无限遐想与憧憬。在香港，大家对上海自贸区的关注丝毫不逊于内地，各种讨论早已沸腾。

最常听到的议论是，“上海自贸区来了，香港的领先地位能否保持”，“自贸区将帮助上海成为国际金融中心，直接威胁香港金融中心的地位”……无论怎么说，这样的议论总给我一种“既生瑜何生亮”的酸楚感觉。在我看来，这样的讨论根本问错了问题，因为它们几乎都是在问：“上海自贸区成立，最受益的是上海还是香港？”这一点其实无须讨论，上海自贸区给上海带来的好处当然大过给香港带来的好处。但是，香港人更应该关心的问题是，有了上海自贸区的内地和没有上海自贸区的内地，哪种情形对香港更有利？

我想肯定是前者对香港更有利。因为，有了上海自贸区，中国一定会更加开放、更加国际化，而在所有国际金融中心中，香港地区最有条件将内地的开放转化为自身的机遇，内地经济和金融开放的节奏越快，香港地区的机遇也越大。

过去 30 年，香港地区是内地改革开放最大的受益者之一。在内地经济和金融仍处封闭状态的时候,弹丸之地的香港凭借“一国两制”创造的优势成为中国内地与世界经济一体化的最主要桥梁。在金融领域，香港地区帮助内地实现了资本项下开放的第一步，即境内企业的股权境外上市，香港地区成为中国最主要的境外资本聚集中心，也成为海外投资者参与中国投资最重要的市场与基地。

作为国家级的自由贸易试验区，上海自贸区的主要任务是制度创新，是为中国经济的进一步开放探路，在自贸区试验成功的改革未来将被复制到全国。换言之，上海自贸区将成为中国进一步改革开放的催化剂和加速器，它的成功将意味着中国经济的开放力度加大、速度加快，相当于内地和海外之间贸易与资金的“直航”限制有可能以自贸区为突破而逐渐放开。

这一发展对香港的影响主要体现在两个方面。

首先，香港资本市场前 20 年的发展，已使全球资金、机构与人才大量沉积香港，香港已成为全球投资中国的最主要前沿阵地。未来上海自贸区的发展会从香港吸引越来越多的人、财、物北上，但一个更加开放的中国又会使香港成为更有吸引力的“中转站”。从这个意义上说，上海自贸区对香港一定是一个净利好，但还不是质的提升。

其次，上海自贸区迅速发展对香港具有质变的利好体现在中国开放本地资本市场的速度与幅度。香港很快会从“单向”变成“双向”的中转站和终点站。一方面，海外的资金会继续通过香港这个设施完备又方便的中转站进入中国内地。另一方面，境内资本市场对外开放，允许境内投资者进军国际市场的步伐加快，香港市场凭借其法制、信用、国际化和开放的营商环境等优势，必将成为中国资本国际化进程中初期的主要“终点站”和长期的“中转站”。

我相信，内地经济改革开放的规模越大、速度越快，给香港这个“中转站”和“终点站”的机会也就越大。以金融业为例，中国目前的金融资产总值已经超过 100 万亿元人民币。在过去 20 年间，H 股公司从香港市场募集的资金仅 1.5 万亿港元，还不到中国金融总资产的 2%，但已经为香港资本市场带来了有目共睹的巨大机遇。可以预见，中国金融业的进一步开放将加快资本的流动，为香港金融业带来更大的蛋糕。

至于上海自贸区会否加剧香港与上海之间的竞争，我想说的是，其实香港自开埠以来，无时无刻不在竞争当中。香港所面临的竞争，不仅是与上海或内地其他城市的竞争，更是在增量中的竞争。增量越大，增速越快，香港的机会越大。中央发展上海自贸区的力度越大，意味着开放速度会越快；上海自贸区的成功来得越快，意味着内地市场的开放来得越快，香港的成功也来得越快。从这个角度看，香港应是为上海自贸区发展喝彩最响亮的拉拉队，也是最好的发展伙伴。

因此，作为一个在香港工作多年的金融从业者，我由衷地为上海自贸区成立的消息感到高兴，并祝福它能够取得成功，为香港带来更多机遇！

2013 年 10 月 14 日

04

15 岁再出发

2015 年 6 月 22 日是香港交易所集团上市的 15 岁生日，感谢各位好友前来参加我们的生日派对，和我们一起庆祝生日。15 岁是人生最美好的青春，也是最多梦的季节。此时此刻，我们的心中充满了喜悦和感激，当然，更多的还是对明天的憧憬和向往，因为我们怀揣着一个新的远大梦想，即将踏上新的征程。

这个梦想就是连接世界与中国、重塑全球市场格局。具体而言，就是我们将致力于在香港建设一个巨大的境外人民币生态圈，努力使香港发展成中国的离岸财富管理中心，把世界带到中国门前，让中国人通过香港投资世界，让世界可以通过香港投资中国。

众所周知，20 多年前，香港与内地开创性地连手推出 H 股机制，为内地的改革开放提供了宝贵的资金来源，也为香港金融业迎来了历史性的发展机遇。如今，香港地区已经成为内地企业最主要的境外融资中心，香港交易所也成长为全球市值最高的上市交易所集团。

不过，我们深知，成绩只属于过去，奋斗成就未来，尤其是在这个日新月异的时代。世界在变，市场在变，我们也必须及时调整自己的定位和步伐，与时俱进。放眼当下和未来，对于香港交易所而言，这个时代最大的改变是什么？是中国已经由一个“渴求资本”的国家变为“资本充裕”的国家，中国金融体系的主要目标，也已经从单纯强调大规模动员储蓄、吸引外资，转变为高效率、多元化、国际化地配置金融资源，来促进和支持中国经济的进一步升级与发展。

在此背景下，中国内地的国民财富也开始了历史性的“大搬家”，以前大家的财富主要是趴在银行账户上吃利息，主要追求保本；或者是大量集中在房地产等实物资产投资上，房地产投资的市值比居民银行储蓄还要大；而今天，中国的国民财富必须开始追求保值与增值。大家的财富纷纷从房地产投资市场、从银行储蓄开始往股票、债券等各种金融资产转移和配置，也开始迅速走向海外配置分散投资风险，从全球范围内来把握投资机会——套用一句现在的流行语，世界那么大，谁不想去看看呢？这一财富“大搬家”的趋势才刚刚开始，随着中国经济总量的不断增长，未来10~20年这一趋势还将加速。

与此同时，随着中国资本市场的对外开放和人民币国际化的步伐加快，海外投资者对于投资中国本土市场的兴趣也日益浓厚，现在国际货币基金组织正在考虑将人民币加入特别提款权（SDR），MSCI 也正在考虑将 A 股市场纳入其全球指数系列，相信这些发展都已不是加入与否的问题，而是多快、多大的问题。目前海外投资者对中国资产的配置在其投资组合中占比仍然较低，未来增加配置也是大势所趋。

面对这样的历史性大机遇，我们的角色也需要转变，我们不能再仅仅局限于为内地发行人提供国际资本，还应该为内地投资者提供投资国际金融产品的机会，同时也为国际投资者提供直接投资内地资本市场的渠道。拥有“一国两制”优势的香港完全有能力“华丽转身”，把连接世界与中国的角色再次升级。打个简单的比喻，过去香港只需要服务两位客户，一位是需要融资发展企业的内地发行人，另一位是需要寻找财富增值机会的国际投资人；未来的香港需要服务好四位客户：内地发行人、国际投资人、内地投资人、国际发行人。而发行人与投资人的定义也从狭义的上市公司与股民延伸到各类金融产品的发行者、用户和投资者。

这种历史性的角色转变也是我们萌生建设境外人民币生态圈想法的初衷，我们希望这个境外人民币生态圈能够充分利用香港作为“一国两制”的国际金融中心的优势，发扬光大沪港通开启的交易模式，尽量采用统一的价格发现、依靠本地清算结算、以本地交易习惯为主，交易对方市场产品，倡导两地监管机构之间共同监管、执法合作，为海外的人民币提供丰富多样的投资产品，建立离岸和在岸人民币对接的市场机制，以期用最小的制度成本获取最大的市场开放效果。只要这个生态圈里的产品足够丰富、交易足够方便，愿意持有人民币的海外投资者就会越来越多，人民币国际化也就能走得越来越远，反过来又会提高香港这个境外人民币生态圈的人气，从而形成良性循环。而一个健康发展的强大的境外人民币生态圈也为中国国民财富多元化、全球化的投资配置提供最安全可靠且可持续的国际财富管理中心，并与内地资本市场的其他对外开放措施（比如自贸区发展）相辅相成、相得益彰。

沪港通朝这个方向迈出了第一步，我们也很快会迈出深港通这第二步，但是还远远不够，未来我们还要与监管机构、市场参与者及内地合作伙伴携手不断拓展这个生态圈的内涵和规模，争取早日把香港建设成为中国的离岸财富管理中心，衍生产品、大宗商品、固定收益类产品等都是我们未来需要努力的方向。

生逢这样的大时代，是香港交易所的幸运，未来的日子里，我们会把成绩归零，向着新的梦想奋力前行，绝不辜负这个时代。希望在下一个15年回首往日的时候，我们可以昂起头骄傲地说，我们真的改变了世界，香港的繁荣有我们的一份贡献！

2015年6月22日

05

浅谈中国金融市场的开放路径

随着沪港通的顺利推出，中国资本市场已经迈入了双向开放的新纪元，开放不仅为两地投资者都带来了全新的机遇，推动了人民币国际化的进程，其本身也已经成为人民币国际化的重要组成部分之一。在刚刚落幕的陆家嘴金融论坛上，大家都在热议如何稳妥扩大中国金融市场的开放和加快人民币国际化进程，我们在准备沪港通和深港通的过程中也有一些体会和浅见，在此抛砖引玉，希望能与朋友们一起探讨。

问 一、为什么双方开放已是必然趋势?

纵观人类经济发展史，任何一个大国的崛起，必然离不开一个发达的金融市场，而金融市场的发展壮大又离不开“开放”二字。只有一个开放的金融市场才会有真正的广度和深度，形成的价格信号才真正有代表性和影响力，才能够吸引更多资金和投资者，支持实体经济的发展。

当前中国经济已与世界经济几乎完全接轨，所处的发展阶段必然需要一个稳步开放的金融市场，逐步融入国际金融秩序。中国经济的增长引擎正在从出口和投资转向内需和创新，中国已经从资本进口国变为资本输出国。一个开放和国际化的金融市场体系，有利于推动经济体系中的创新活动，有利于支持中国企业以更高的效率在全球范围内收购资产以提升竞争力，有利于居民和机构投资者优化金融资产结构来提高消费能力。

中国的人民币国际化进程也需要进一步开放金融市场，为海外人民币提供丰富的投资机会。人民币要成为国际储备货币，必须首先成为世界广泛接受的贸易货币和投资货币。如今，随着人民币汇率步入均衡区间，人民币单边升值的趋势已经结束，人民币国际化的主要驱动力，将越来越依赖于可供海外人民币投资的金融产品的丰富程度。

此外，金融市场的双向开放有助于优化国家资产负债表，提高整个国家的海外净资产总收益，同时还可以通过采用多样化的融资渠道和产品来降低一个国家从国际市场融资的成本，鼓励创业和创新。由于多年的贸易顺差，中国积累了巨额的外汇储备，但大部分集中在政府手中，以外汇储备的形式投资在外国国债等流动性高但收益率低的资产。尽管中国的外汇储备经营收益水平在国际上已经算是比较高的，但是外汇储备“安全第一”的特性决定了其风险偏好很低，不可能追求高风险高收益。一般来说，私人部门的投资效率通常高于公共部分，所以未来中国需要藏汇于民，逐渐拓宽企业和居民海外投资渠道，鼓励他们自己走出去投资高收益的资产，同时鼓励企业充分利用国外金融市场上的不同金融工具来灵活融资，降低融资的成本。

问 二、双向开放可以有哪些路径？

中国金融市场的开放和国际化无外乎两种路径：一是直接请进来，直接走出去；二是“组团”请进来，“组团”走出去。

1. 直接请进来，直接走出去。

直接请进来包括把海外流量（投资者）请进来和把海外产品（上市公司或投资产品）请进来两种方式，比如 QFII/RQFII 试点和上海自贸区即将推出的国际原油期货准备向国际投资者开放，属于前者；而正在讨论中的国际板则属于后者。无论哪一种“请进来”，都是将海外的流量和产品完全纳入中国的监管范围之内，让它们完全遵守中国的规则，就地国际化。

这是最大限度地延伸中国监管机构的监管半径，也是最大限度地输出中国标准，自然是最终极最理想的开放路径，通过这一路径实现双向开放的时间与程度取决于内地市场与国际市场的制度和结构完全融合和接轨的速度与程度。鉴于目前内地金融市场与海外市场的制度差异，海外流量和产品要彻底融入内地市场需要进行不小的制度改革，因此，请进来的速度相对比较慢，想达到一定规模也需要时间。举个简单的例子，如果国内的监管理念是以保护中小投资者为先，就必须在交易结算各环节中预先设定防止“坏人”为非作歹的一系列防范措施（包括各种审批和限制），而很多海外市场监管机构通常是假定大家都是好人，在交易结算环节也是以保障市场自由为先，只有在坏人犯事以后才开始狠狠追责。再比如乘火车，我们国家是要求乘客检票进站再上车，车上验票，出站再检票，这样自然可以完全杜绝无票乘车；但如果为了方便乘客和提高效率，也可以让像国外很多火车站那样进站和出站都不检票，在车上检票，一旦发现逃票则严惩。两种监管理念很难说孰优孰劣，但习惯了海外市场的监管理念的机构和发行人要融入内地市场肯定需要付出不小的转换成本。

直接走出去包括允许中国的投资者和中国的产品直接走出国门，比如目前的QDII和即将推出的QDII2试点制度是让中国的投资者走出去，而中国公司在海外发行股票和债券属于中国的产品走出去。这种开放模式下，国内的流量和产品一旦走出去，就完全脱离了内地监管机构的监管，需要彻底接受海外市场的规则。这一开放模式的速度和规模很大程度上取决于人民币资本项目开放的速度，而且，选择这一路径走出去的机构和个人需要足够的知识储备和风险承受能力，并不适合所有人，比如，绝对不适合风险承受力较弱的普通散户。

直接请进来与直接走出去就好比旅游市场上的自助游：那些对中国充满好奇、又会点中文、喜欢独立和冒险的外国游客不喜欢跟团旅游，他们喜欢独来独往、自助来华旅行；同理，越来越多的中国人（尤其是那些会英语、自理能力强的）更愿意自由行出去看世界。

2. 组团请进来，组团走出去。

相对于以上所说的“自助游”，还有一种“组团游”。全球有海量的国际投资者都十分关注中国，在过去20年里，他们都只能投资在海外上市的中国公司（如H股等），他们越来越向往直接参与中国资本市场投资。可是，由于交易习惯、治理规则、投资文化等多种因素，他们在相当长一段时期内还不能或不愿来中国“自助游”，而是更习惯使用美国旅行社统一安排来华。同理，未来10年里，越来越多中国投资者希望通过投资国际市场来分散风险和多元化配置个人资产，但他们不懂英文，不熟悉海外规则，还不能或不敢直接走出去，就如同很多中国游客更喜欢参加旅行团出国游，因为可以听中文讲解、吃中餐，在中国导游的悉心照顾下走世界。

在今天的中国资本市场上，沪港通就是这种“组团游”的一个最佳实践。在沪港通机制下，投资者并没有扛着钱过境，只有交易订单通过两家交易所总量过境撮合，实现最大价格发现；而股票结算与资金交收则通过本地结算所先在本地进行对减，然后再以净额方式与对方结算所作最终结算，实现最小跨境流动。沪港通采用人民币境外换汇，实现全程回流，其结算交收全程封闭，实现了风险全面监控。

由于它最大限度地转化了两边市场的制度差异，保障了投资者原有的投资习惯，这一开放路径将在未来很长的时间里成为中外投资者互联互通的重要方式。在监管层面，“组团游”的方式使境内外的监管当局能够延伸其监管半径，对处于中间地带的“共同市场”进行联合审批、共同监管。而且，由于它已经部分处于内地监管机构的监管范围内，风险可控，非常适合短期内还不愿或者不敢直接走进来 / 走出去的投资者和发行人。对于中国的中介机构而言，这一开放路径不仅为其带来了增量客户与业务，也提供了难得的国际化机遇。

沪港通这个“组团游”试点首先面对两地二级市场上的股票，下一个“组团游”的目的地是深港通，将来它们的投资目标也可以延伸到股指期货、一级市场、商品和固定收益产品等一系列资产类别。就像一般的游客出国游可能会先从周边国家的短线游开始，然后再尝试比较长线的目的地自由探索深度游。

在我看来，中国资本市场一直以来采取的都是多层次、多维度的开放政策。以上这些不同形式的开放路径分别针对不同类型的投资者，可协同发展，而且，它们都是中国的经济转型所必需的，能够满足投资者多样化的全球资产配置需求。

作为一种渐进式的开放路径，基于沪港通模式的境外人民币生态圈与前两种开放方式不仅没有冲突，而且能相辅相成、互为补充，共同促进人民币国际化。我们相信，在充分控制风险的前提下，开放程度越高，市场主体的选择越多，金融市场的效率就越高，对经济增长和转型的支持就更为显著。

问 三、香港可以贡献怎样的价值?

经常有朋友问我，在内地金融市场开放的进程中，香港能够贡献什么价值？作为中国的门户和一个国际金融中心，香港最大的价值在于它可以利用“一国两制”的独特优势，缓冲两边市场的差异，连接世界与中国。沪港通就是一个典型的例子，通过沪港通的创新安排，只需最低的制度成本，海外投资者就可以以自己的交易习惯在香港投资中国，内地的投资者也可以通过内地券商以近似 A 股的交易习惯来投资港股。

香港还有一大价值就是充当人民币汇率和利率改革的“试验田”。当前，中国的利率市场化改革接近收官阶段，汇率市场化也在稳步推进。作为金融市场基础价格标杆的汇率和利率的改革面临着“牵一发而动全身”的复杂性，必须审慎推进；在中国的利率管制基本完全放松之后，其实更大的挑战还在于在金融市场上形成能引导市场预期的利率信号。在此背景下，香港这块离岸人民币市场“试验田”的作用将更加重要。在香港这个离岸市场上形成的汇率和利率信号，是在充分开放的市场条件下形成的，它既可避免风险向内地市场的直接传导，又可为继续稳步推进人民币汇率和利率改革提供参考。

我们正在香港建设的境外人民币生态圈正是希望充分利用香港的独特优势，与内地的合作伙伴和监管机构一起开创共赢。香港和国际市场上的人民币金融资产越丰富，人民币进行国际化的基础就越坚实。我们期望，能在不久的将来，把香港建设成为中国的离岸财富管理中心，为中国的金融市场开放和人民币国际化进程作出应有的贡献！

2015 年 6 月 28 日

06

详解《战略规划 2016—2018》

2016 年 1 月 21 日，我们公布了最新的三年战略规划，勾画出香港交易所未来的发展蓝图。不少朋友表示很感兴趣，想了解整个规划的来龙去脉，也有朋友表示困惑，香港为什么要发展货币产品和大宗商品呢?

简单来说,《战略规划 2016—2018》的主题就是三个“通”字:“股票通”“商品通”与“货币通”。定价能力是一个金融中心的核心竞争力，具体而言，就是为公司、为商品、为货币定价的能力。

之所以强调“通”字，是因为中国虽已成为世界第二大经济体，但它的金融市场还未与全球完全互联互通，中国的公司、商品和货币还不能取得完全有效的国际定价。因此，我们与我们在内地的合作伙伴今天的历史使命就是共同携手建立中国与国际市场的互联互通机制，连接中国与世界，重塑全球市场格局。

“通”的过程，是满足市场需求的过程，也是做大整个市场蛋糕的过程，在这个过程中，所有的参与者都会不同程度地受益。中国资本市场的对外开放是多维度的，也是渐进式的，在这个开放的过程中，香港交易所也仅仅是众多的“修桥者”之一，肯定会有无数的“大桥”落成造福两边的投资者，但我们愿意成为最早的探索者；我们不怕失败、寻求合作、创造共赢。

股票通

首先来说说“三通”中最基础层面的股票通。股票业务是香港交易所的核心传统业务，我们一直在思考如何与时俱进强化这一传统优势。股票通可以分别从沪深港通、股指期货通以及新股通（“三小通”）三个方面实现。

（1）沪港通的顺利推出，算是我们迈出了股票通的第一步，首次实现了内地和香港股票二级市场的互联互通，为两地投资者都带来了全新的投资机遇，也引发了全球金融市场对于交易所互联互通模式的关注。接下来，我们将进一步优化和拓展沪港通，尽早推出深港通。

（2）实现股指期货通的可能路径有三种：一是复制沪港通模式，与内地期货交易所合作建立互联互通；二是两地交易所产品互挂；三是在香港发展以 A 股指数为目标的衍生产品，满足境内外投资者管理 A 股波动风险的需求，为大量外资进入A股现货市场提供必要的配套设施。第一种路径和第二种路径原本是股指期货通最简单的实现方式，但由于目前内地市场正处于休养生息时期，短期内这两条路径都充满挑战，关于第三种路径，我们也在探讨其可行性。

（3）我们也在研究如何将股票通模式从二级市场延伸到一级市场推出新股通，让两地市场的投资者都可以在未来申购对方市场的新股。香港一直希望吸引更多国际大型企业来港上市，丰富上市公司的来源和类别。但香港市场目前投资者基础和欧美市场相近，难以吸引海外名企大规模来上市，如果新股通可行，内地投资者可以以沪港通模式更大规模地投资国际公司。对于内地市场而言，新股通可以帮助其引入更多国际机构投资者，参与A股一级市场新股发行或定向增发，改善投资者结构，完善新股定价机制。

有朋友可能会问，这样的新股通与上海或深圳的国际板是什么关系？很明显，如果内地市场的法律框架能够在短期内迅速与国际接轨，适应国际公司在A股的上市融资，那么香港再搞新股通的意义就只是为国际发行人引入内地投资者提供了多一个选择。但如果中短期内实现是有困难的，新股通就意义重大。在这里，大家不应把这个问题简单狭隘地看成两地交易所争夺上市资源、此消彼长的竞争问题，更应把它看成两地市场共同为中国国民财富寻求更多元、更有效全球资产配置的机会，因为这才是交易所使命的真谛。如果从这个出发点看问题，尽早允许一级市场的互联互通，为内地投资者提供在中国市场框架下投资海外的机会，可以方便他们在全球市场低迷时利用沪港通安全可控的运营模式，尽早布置海外资产配置。同时，内地公司若有机会吸引国际投资者成为其股东，也可大大改变内地投资者结构，促进发行机制的改革。而两地交易所若能携手联合发行、协调监管，新股通将成为双方互惠共赢、共同发展的大好契机。

在香港，不时有些朋友问我，沪港通启动之后去年香港市场似乎比以前波动更大，进一步互联互通不会输入更多内地风险吗？你们不怕得不偿失吗？我想说的是，全球市场一体化的进程是不可逆的，如今中国经济感冒了，美国市场都得打喷嚏，更何况是香港市场。无论是否与内地互联互通，我们作为一个开放型的市场都得承受来自中国经济波动的风险。换句话说，如果不与内地互联互通，我们好事遇不上，坏事也躲不开。

商品通

“三通”中的第二通是商品通，主要也包括“三小通”。

（1）伦港通：把亚洲的流动性尤其是中国的流动性导向伦敦金属交易所（LME），让 LME 更加金融化。伦港通的核心是将在 LME 交易的合同带到亚洲时段，通过香港交易所的平台进行交易结算，扩大 LME 的亚洲投资者基础，特别是在香港的内地投资者的参与。

（2）现货通：通过在内地构建大宗商品现货交易平台，帮助内地大宗商品市场实体化。

（3）内外通：在伦港通与现货通成功运作一段时期后，我们可以通过产品互挂、仓单互换、价格授权、指数开放等方式有机地打通内地现货市场和期货市场，实现内地商品市场与国际商品市场的连通，输出中国的商品定价权。

不少朋友对我们商品通中的现货通充满好奇或疑惑。境内外大型商品交易所都是期货交易所，香港交易所为什么要去做现货交易？会不会得不偿失？

自从 2012 年收购 LME 之后，我们对国际大宗商品市场有了更深刻的认识。而熟悉股票业务的香港朋友也可以从股票的视角来看大宗商品。

大宗商品市场的交易通常可以分为三个层面，如图 6-1 所示。

◎ 第一层是实体经济用户（生产商和消费商）：他们通常是现货市场的参与者，他们交易出的现货价格就好像股票市场的 IPO 发行，是商品市场定价启动的原动力，为其他交易提供价格基准。

◎ 第二层是服务实体经济用户的贸易、物流、金融服务提供商 / 中介机构：他们交易的目的是融资服务、对冲、与风险管理，他们参与现货、远期以及期货交易，这些交易就类似股票上市后的二级市场交易。这些交易不断为第一层实体经济交易提供价格发现与交易对手方，使一级市场活动持续发展。

◎ 第三层是纯金融投资者，包括投资基金与散户：他们参与交易的动机主要是投机。他们通常只参与非实物交割的标准期货产品，但他们为商品交易提供重要的流动性，他们的交易就如同股票市场的期权、期货等衍生产品交易。总之，这三层的结构有点像金字塔，第一层和第二层交易所形成的价格基准是第三层交易的基础，就如同股票市场，没有 IPO，就没有二级市场交易；没有二级市场，就不可能有衍生品市场。一个健康的多层次商品市场，应该从满足实体经济需求出发，拥有这样的正金字塔形架构。

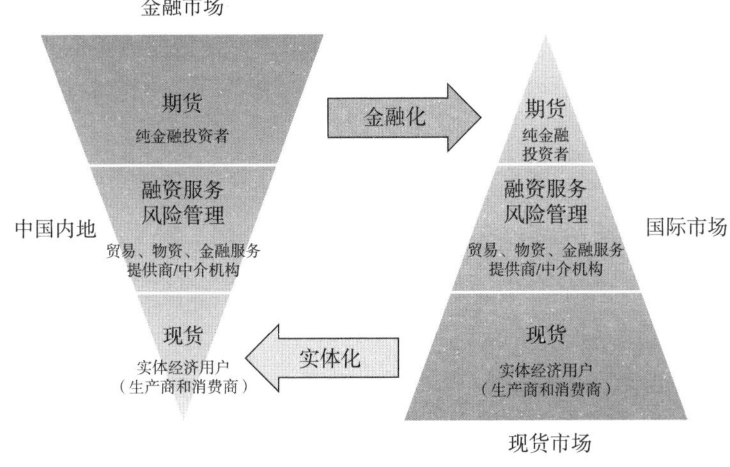

图 6-1　大宗商品市场的交易

LME 控制了全球近 80% 的基础金属交易，三个层面的用户均有覆盖，但主要参与者是第一层与第二层，第三层的纯金融投资者参与不如国内市场充分，还有很大的发展空间。它是个典型的正金字塔。我们希望通过伦港通、在香港开发更多种类 LME 产品等方式，方便更多的纯金融投资者（尤其是亚洲金融投资者）参与 LME 的交易，让 LME 更加“金融化”。

另一方面，内地商品市场的现状与 LME 有很大不同：尽管中国已是世界上主要大宗商品的消费国，但第一层与第二层用户（即实体经济用户和贸易、物流、金融服务提供商 / 中介机构）参与的现货市场还不太发达和规范，市场结构松散，价格发现效率不高，仓储认证增信环节薄弱，流通领域融资困难，整个现货生态系统效率低下，成本高企，风险丛生。

与此同时，第三层的期货市场监管充分，结构完整，交易异常活跃，且由于期货市场投资群体以散户为主，实物交割有限，实体经济用户参与较少，交易量远远大于持仓量。正因为此，它与现货市场的相关度还不够高，大宗商品市场的金融服务远远不能满足实体经济需求。我们相信，内地需要一个更有效率的大宗商品市场，来真实反映其对于全球大宗商品生产及消费方面的影响力。国际市场同样也需要这样一个有效率的大宗商品市场，来观察中国这样一个具有巨大影响力的市场的变动趋势。

作为香港交易所内地商品战略的重要一环，现货通可以将 LME 的成功模式和历史经验移植到内地市场，在内地打造一个能够有效服务实体经济的商品现货交易平台，帮助内地商品市场“实体化”。假以时日，我们希望中国的现货市场可以产生一系列真正具有全球影响力和代表性的“中国价格”基准，而这些价格基准也将为向第三层发展提供坚实的基础与持续的发展动力。

也许有朋友会问，香港发展商品业务为什么一定要去内地建现货平台，而不是直接在香港做期货？香港一向缺乏商品交易的土壤，即使在收购了 LME 之后，香港交易所在的亚洲时段也不具备上述三个层面中的任何一层。要构建一个稳固结实的商品金字塔，香港首先要做的是打地基——建现货交易平台，这有点类似当年香港先发展 H 股上市现货平台再开发股指期货。但香港面积有限，并不具备建设商品现货交易平台包括仓储物流系统的条件。与发展股票业务不同的是，大宗商品不会像 H 股上市公司一样自己可以主动“跑”来香港上市。我们必须去内地开创一个大宗商品的“IPO 平台”。因此，有现货平台需求的内地成为香港交易所发展第一层与第二层市场的必然选择。

货币通

“三通”中的最后一通是货币通，就是大力发展定息及货币产品，借助互联互通把香港打造成利率和汇率衍生产品中心，具体可以分为“汇率通”“债券通”和“利率通”三步走。

几年前，我们推出了管理美元兑人民币汇率风险的人民币货币期货合约，算是迈出了汇率通的一小步。去年以来，随着人民币汇率双向波动风险加大，人民币货币期货合约的成交量稳步上升。未来，我们还将推出人民币兑其他货币汇率的期货产品，满足更多市场需求。

此外，我们还准备从债券通入手，丰富香港的货币类现货产品。

债券通的初步构思为双向模式：境内和境外。境内方面，内地债券交易大多集中在场外交易（即银行间债券市场），因此，方便海外投资者参与境内银行间债券市场是我们的主要着眼点。境外方面，香港本身欠缺大型国债发行人，恐怕吸引力不足。所以，我们希望与国际平台合作，方便内地投资者投资更多不同类型的国际债券，而交易及结算则仍然在香港进行。

我们希望借助债券通为香港引来足够的投资者和流动性，为将来的利率通做准备。随着人民币国际化进程的深入，香港的人民币资金池会不断扩大，管理人民币利率风险的需求可能会逐渐增加，我们将适时推出相关的利率产品，完善香港的人民币生态圈。

在债券通方面，香港交易所过去没有发展经验与基础，也不具备独特优势。但从金融中心的长期发展来看，我们必须迈出这一步，希望能找到好的合作模式，以可控的投资、合理的定位，取得事半功倍的效果。

以上就是我们未来三年的发展计划。从今年的开局来看，2016年注定仍是充满挑战的一年，中国资本市场对外开放的步伐也可能时快时慢。因此，我们必须寻求一个多元平衡的战略发展规划。我们的某些发展计划（如股票通），与内地市场的改革开放息息相关，需要与内地的伙伴合作才能创造共赢，其推进程度可能取决于内地市场开放的进程，但也有一些发展计划（如商品通），它们的成功将更多取决于我们自己的努力。

总而言之，未来的三年要做的事情很多，要克服的困难也不少。

有的朋友也许会说：你这些目标太宏大了，简直就是梦想清单。是的，这就是我们未来三年的梦想。回想香港金融市场的历次转型，其实也大多起源于前辈们在洞察市场需求之后的大胆设想。敢想才能敢拼，没有梦想，何有未来？套用一句香港电影的经典对白："做人如果没有梦想，跟咸鱼又有什么分别呢？"

2016年2月3日

07

香港金融市场的新征途

2016 年以来，国际市场对于内地经济和金融稳定的忧虑似乎传导到了香港。先是国际评级机构调低了香港的评级展望，之后不久，在一家英国调查机构公布的全球金融中心指数排名中，香港跌出三甲，落后于新加坡。一时间有不少悲观情绪弥漫，有些朋友开始对香港国际金融中心的地位和独特优势产生怀疑。

香港的优势还在吗？未来 30 年，香港还能延续东方之珠的璀璨吗？

过去三件事

要回答上面这些问题，不妨先回望一下香港的过去。过去 30 年是中国改革开放的 30 年，也是内地经济发展最快的 30 年。在这个 30 年中，香港地区为内地的改革开放主要做了三件大事：第一，转口贸易；第二，外商直接投资（FDI）；第三，资本市场的大发展。转口贸易给内地带来了第一桶金，外商直接投资把中国变成了世界的工厂，而香港资本市场的大发展则为内地源源不断地输送了发展经济的宝贵资本。从 1993 年 H 股诞生开始，一家又一家内地公司在香港上市募集来自全球的资金，发展成了今天世界上最大的电信公司、能源公司、银行和保险公司。在改革开放这三大潮流中，香港都凭借自己独特的优势为中国作出了巨大贡献，起到了不可替代的先锋作用。当然，在此过程中，香港自己也收获了繁荣富强，成为全球认可的国际金融中心。

香港过去为改革开放所做的三件大事都有一个核心主题，那就是为内地输入资本，因为那个时候内地很缺钱，香港地区一直是中国最可靠的海外资本聚集中心。

细心的朋友也许会问，现在中国已经资本充裕，内地到处是寻找投资渠道的资金，还会像过去一样需要香港地区输入资金吗？

我的答案是肯定的。香港的开放市场、法治环境、与国际接轨的监管制度与市场体系、专业人才和中英双语环境在今天和未来仍然是中国非常宝贵的“软实力”，它们是成就一个国际金融中心必不可少的条件，需要经过几代人的积累与努力。内地现在也已经越来越开放，不少城市的硬件环境也已经赶超香港，但香港作为国际金融中心的独特优势依然十分突出。只不过，时移世易，香港需要与时俱进。未来的 30 年是中国资本双向流动的时代。除了发挥其传统的融资功能外，香港还须尽快调整定位和转型，做好新的三件事。

未来三件事

第一件事是帮助内地国民财富实现全球配置。随着中国经济的崛起，中国的国民财富进行全球性分散配置的需求已经出现。从几年前开始，内地的国民财富逐渐开始了从房地产和银行储蓄走向股市和债市、从单一的国内资产配置走向全球分散配置的历史性“大搬家”。内地现在所谓的“资产荒”，其实质就是目前内地的产品远远不能满足国民的资产配置需求。一些“勇敢的人”已经开始将资产直接投资海外，但绝大多数内地投资者还暂时没有能力直接“闯世界”。与此同时，中国在相当一段时间里仍须对资本外流进行管制，我们若能加快发展类似沪港通和深港通这种安全、可控的互联互通模式，把世界带到中国门口的香港，让中国内地居民可以“坐在家里投资世界”，中国就会再次通过香港市场找到开放和繁荣的快捷方式。

第二件事是帮助中外投资者在离岸管理在岸金融风险。在今天的内地市场，利率与汇率尚未完全开放，因此内地的债务与货币衍生品市场也还没有建立成熟的风险管理机制。内地的股市虽已经完全市场化，但具有双刃剑效果的衍生品市场仍会在股市大幅动荡时受到限制，难以完全发挥风险对冲功能。衍生品市场的缺失使得大量有意持有中国资产（包括股票、债券与货币）的国际投资者在国门外望而却步；而境内大量高风险偏好的资金也因找不到合适的高风险高回报投资目标而在内地市场中“东奔西窜”，形成风险隐患。

从这个角度看，香港完全可以帮助内地市场“另辟战场”，让中外资金在与内地市场有一定安全隔离的境外市场充分博弈、对冲风险。香港拥有内地与国际投资者都认可和熟悉的法制和语言环境，在这里，海内外的投资者最容易各取所需、形成良好的互动。因此，只要充分了解双方投资者的需求，提供适合的产品，香港完全有条件发展成为亚洲时区内最主要的国际风险管理中心。内地的期货交易所也可以在内地股市休养生息时与香港市场合作，在境外继续发挥风险管控的功能。

在汇率方面，人民币汇率已经进入双向波动时代，无论是国内的进出口贸易商、QDII 基金还是国外的 QFII 基金及使用沪港通的投资机构，都有管理人民币汇率风险的需求，我们推出的人民币汇率期货，就是为他们量身定做的风险管理产品。事实上，从人民币汇率期货今年以来的成交量分析，不难发现一些洞悉先机的投资者已开始利用我们的产品去管理人民币汇率波动风险。今年，我们计划推出更多人民币货币期货，包括欧元兑人民币、日元兑人民币、澳元兑人民币以及人民币兑美元期货等品种，更好地满足市场需求。

第三件事是帮助中国实现商品与货币的国际定价，为中国的资金定价海外资产提供舞台。未来 30 年，是中国资金不断向外走的 30 年，中国的投资者不能再像中国的外汇储备一样，只当“债主”（特别是美国的债主），我们也要学着走向世界，用我们的钱来“定价”我们要买的海外公司股权、我们要买的大宗商品；同时，也要用我们的购买力让越来越多的国际权益与商品以人民币定价，这样，我们就能在全球范围内逐步掌握人民币汇率与利率的定价权。

要想成为一个真正的国际定价中心，一个市场必须具备中外各方均能接受和认可的规则体系与制度安排，也需要高度国际化和专业化的市场服务环境。拥有“一国两制”优势的香港既是内地投资者的“主场”，也是外国投资者的“友场”，具备以上所有条件，完全可以成为中国首选的海外定价中心，让中国的资本通过这个定价中心取得在全球金融体系中应有的话语权和影响力。

如果能够做好以上这三件大事，香港市场一定能够再次为中国的发展创造不可替代的价值，也自然可以巩固自己国际金融中心的地位。

“一国两制”是关键

香港做好这三件事的关键在于“一国两制”。“一国”使内地可以放心地让香港去努力创造这三个新的中心；“两制”可以让国际社会充分拥抱香港这三个新的功能。“一国两制”是一个并不轻松的政治话题。作为香港交易所的集团行政总裁，我触及这个话题的唯一原因是它将直接影响上述香港金融市场未来发展的新方向、新功能。换句话说，上述愿景的实现取决于内地是否相信“一国”不会受到挑战；也取决于香港及国际社会是否相信“两制”会长期持续。

从我在香港二十多年的生活体验来看，绝大多数的香港人从未对“一国”有过异议。有的内地朋友会说：香港人既然拥护“一国”，那为什么没有表现出更多的爱国热情？为什么没有更坚决地反对损害"一国"的杂音？恰恰就是因为"两制"，香港在处理这些问题的方式上与内地就会有所不同。在某种意义上，今天小角落里的杂音没有被主旋律淹没，可能也是因为香港的主流开始对"两制"能否持续产生了一些忧虑。

反过来看，香港人也应有自信，内地的主流从未想要损害"两制"，因为维护"两制"符合中国发展的根本利益。中国已很富强，它并不需要再多一个上海、深圳或广州，它需要一个与众不同的香港。香港人若没有这份自信，我们就会让"两制"渐行渐远。所以说，香港人保证"两制"的关键是拥抱"一国"。对内地来说，让香港人拥抱"一国"的关键是保障"两制"。

正确的问题

我们再次回到开篇提及的质疑与负面情绪。今天的香港充满挑战，共同走出困境需要大家的集体智慧。我们可以尝试的第一步是拒绝回答错误的问题，努力提出正确的问题：

◎ 香港的繁荣能否离得开中国内地的发展？这是错误的问题。正确的问题应是：香港的繁荣为什么要离开中国内地的发展？

◎ 强大的中国内地为什么还需要香港？这也是错误的问题。正确的问题应是：有一个繁荣、稳定、自信的香港是不是对中国内地更好？

如果我们问对了问题，我们就会得到正确的答案：香港市场的繁荣不应离开中国内地的发展；中国内地的发展更应利用香港市场的独特优势。过去如此，今后亦然。

2016 年 4 月 20 日

08

香港可以成为“一带一路”的新支点

2017 年是香港回归祖国怀抱的第 20 个年头，香港和内地都举办了一系列的庆祝活动来回顾香港的昨天，展望香港的明天。庆贺之余，大家不约而同地关心一个问题：中国经济已经腾飞，未来香港如何延续过去的辉煌？

在我看来，“一国两制”下的香港拥有独特的优势，是连接中国与海外的转换器。只要与时俱进、找准自己的定位，香港一定能在中国未来的发展中继续扮演重要的角色，比如，在中国牵头的“一带一路”倡议中，香港就有机会成为重要的杠杆支点和权益转换器。

为什么这么说呢？首先让我们来看看“一带一路”到底是什么。不同的人对于“一带一路”倡议有着不同的理解。在很多香港朋友看来，“一带一路”是非常遥远的事情，跟香港好像没有什么关系。

在我看来，“一带一路”既不是中国版的马歇尔计划，也不是简单的产能输出，而是一项以基础设施互联互通为突破口、带动欧亚大陆经贸合作，从而实现互利互惠共同发展的重大倡议。在当前发达经济体的逆全球化风潮下，“一带一路”实际上提出了一个在新的环境下推动全球化的大方向。香港因把握全球化趋势而兴，在当前国际经济金融格局变幻的大背景下，如果我们能够充分认识“一带一路”对全球经济和政治格局的深远影响，如果我们能够有效发挥香港“一国两制”的制度优势，我们就会找准香港的定位，就能成就下一个20年的辉煌。

这样的信心来自哪里呢？请允许我在此分享一些思考。

（1）既然不是马歇尔计划，“一带一路”就是遵循市场规律的投资，不是无偿援助，因此我们必须关心钱从哪里来。

（2）既然不是简单的产能输出，那么沿线国家就必须“购买”中国的产能进行基础设施建设。因此我们也必须关心钱从哪里回的问题。

（3）既然是大规模的基础设施建设，就必然需要用到大宗商品，如果全球大宗商品价格迎来新一轮牛市或者出现价格剧烈波动，我们必须关心如何影响全球大宗商品定价并且管理其波动风险的问题。

（4）既然是中国领投“一带一路”建设，人民币必将有重要机会，努力成为“一带一路”建设中最重要的国际货币，因此，我们必须关心人民币国际化进程中离岸价格的形成和风险管控。

在这四个“既然”与“必须”中，我们都可以清晰地看到“一国两制”下的香港拥有的优势。

问 一、钱从哪里来?

目前很多“一带一路”沿线经济体的发展程度差异性巨大，不少经济体尚不发达，无力购买中国产能，虽然有些经济体有矿产资源或市场潜力，但由于政局不稳、投资环境欠佳，资源变现很困难，投资回报很难保证，可谓花钱容易挣钱难。因此，“一带一路”建设能否成功推进，一定要解决投资的“钱从哪里来”与“钱从哪里回”这两个问题。

先看看“钱从哪里来”，由于中国是“一带一路”的倡导者和推动者，“一带一路”基础设施建设项目多以中国主导的亚投行和中国政策性银行提供贷款的形式启动先期投资。但是，建设“一带一路”不可能是政府一家的事，必须引导市场的资金，也不能单靠中国一国之力，必须争取更多的国家和市场加入“一带一路”的“朋友圈”。也就是说，“一带一路”应该争取以尽量少的政府资金来撬动尽量多的市场资金，以尽量少的中国资金撬动尽量多的国际资金。在这里，政府是领投人，市场是跟投人；中国是领投人，世界是跟投人。

既然要撬动最大的资源，“一带一路”投资必须找到一个最有效的杠杆支点，这个支点可以放在国内，用中国政府的钱来撬动中国市场的钱，但这样一来，“一带一路”建设的风险就全部锁定在了国内，担子完全落在了中国人的肩膀上。“一带一路”的成功将为世界经济带来巨大的增长机遇，全球资金中不乏愿意共担风险享受高回报的积极参与者，从这个意义上讲，以香港为支点，可以撬动更海量的国际资金参与到“一带一路”的建设之中。

问 二、钱从哪里回？

如果“一带一路”建设的资金是靠杠杆撬动市场而来的，那市场需要的收益又如何回笼呢？答案是国际资本市场。资本市场就是各种金融需求进行权益互换的场所，有人用今天的钱去换明天的收益，也有人愿意用明天的收益换取今天的投资；有人愿意把钱借给有信用的人，也有人愿意把钱借给有抵押品的人；有的抵押品是实物资产，未来的收益可以证券化作为抵押品来换取今日的资金。跨地区、跨时间、跨行业进行资源分配，正是金融中心可以大显身手的地方。

具体到“一带一路”，我们应该让沿线有资源的经济体将其资源在一个大家公认的市场打包上市，形成有价证券，使其资源迅速形成今天就可以利用的市场价值，以补充其欠缺的偿还能力，用抵押或其他形式来保证中国和国际投资者的回报安全。由于抵押权益的市场价值直接影响资源国的偿付能力和融资功能，这样的安排可以将资源国的市值管理与基础设施投资者的投资安全放在一个利益共同体中。

这样的利益共同体实际就是一个权益转换器，它用一个安全有效的机制，把今天的钱换成明天的收益，用今天的股权抵押了未来需要偿还的债务，把货币投资换成资源的未来收益。这里的权益人包括中国产能、中国资本、世界资本、资源国，能够保证这一权益互换的是一个大家都信任的资本市场。

“一国两制”下的香港就是这样一个神奇的转换器，“一国”决定了香港是值得国内信任的地方，“两制”下与国际接轨的法治和市场环境则为香港地区赢得了海外投资者的信任，吸引了来自全球的资金。

问 三、如何管理大宗商品价格波动?

中国目前已是全世界最大的原材料消费国，但是并未取得与其经济实力相匹配的国际大宗商品定价权。随着“一带一路”建设的推进，必然需要消耗更多的大宗商品，如果大宗商品价格迎来新一轮牛市，中国势必处于比较被动的位置，应该及早打算，提升对于国际大宗商品的定价权。

尽管目前内地期货交易所的成交量已位居世界前列，但由于尚未对外开放，暂时未能形成有国际影响力的基准价格。“一带一路”建设横跨欧亚大陆，必然需要使用有国际影响力的基准价格。在这方面，连接东方与西方的香港可以贡献独特的价值。香港近几年已大步发展大宗商品业务，通过海外并购与在岸建设，香港有望在不久的将来建设大宗商品的深港伦互联互通。

问 四、如何让人民币国际化与“一带一路”比翼双飞?

“一带一路”建设将会面临很多风险，包括政治风险、债务风险、汇率风险等，这些风险中最容易被管控但也最容易被忽视的是汇率风险。如果“一带一路”建设仍然使用美元或其他外币结算，汇率风险很难管控。如果“一带一路”建设尽量使用人民币作为结算货币，相对而言，更容易把风险的管控权掌握在我们自己手中。

目前，香港已经是世界上最大的离岸人民币中心，不仅拥有大量的离岸人民币存款，而且开发出了多种多样的离岸人民币投资工具和风险管理工具，包括人民币兑美元期货、以人民币计价的金属期货、人民币债券、沪港通、深港通、债券通等，可以满足不同的海外机构对于人民币的资产配置和风险管理需求。香港完全有能力成为“一带一路”建设中人民币国际化进程的助推器。

总而言之，无论是在解决钱从哪里来、钱从哪里回的问题上，还是在解决大宗商品与人民币价格风险管控方面，香港都能为“一带一路”建设作出独特的贡献。

对于金融圈的朋友来说，以上道理不难理解。但对于普通市民来说，这些道理并不一定那么显而易见，我 80 岁的老母亲就特别关心国家大事，不止一次地问我：“搞‘一带一路’建设，香港有份儿参与吗？”我就给她打了个通俗的比喻：地球好比是一个乡镇；中国是这镇上的一个大户人家，经过几十年的努力，现在家大业大，有钱有设备，劳力充裕。这个大户人家的邻居有住在镇郊田野里的农户（“一带一路”区域沿线的中西亚国家）和镇上的其他富裕人家（欧洲经济圈）。住在镇郊田野里的农户仍很贫穷，家里未通水、未通电，路也坑坑洼洼，但他们家里有大枣树（资源），他们靠卖当年收获的枣勉强生存。作为大户人家的中国虽然很希望带领这些农户共同致富，但是也不能为这么大一片田野无偿地修路、引水、通电。

在这种情况下，大户投资人家必须动员全镇其他富裕人家共同参与投资、共担风险、共享成功，同时，今天没钱但有枣树的农户可以将枣树未来的收成拿到镇上的“钱庄”（资本市场）估值，形成大家都能接受的价格，富户们都可以认购一部分“枣证”。农户们不仅可拿到一些钱培育枣树多产，保证枣树的价值增长，还可以用自己的“枣证”抵押，换来大户们出钱出力出设备，让乡野之间通路通水通电，为了赎回自己的“枣证”，或者为了融到更多资金，农户们自然会把枣树养得越来越大，实现共同发展。

无论如何给农户家的枣树定价，都需要一个交易定价中心，好在富人们在镇上开了不少“钱庄”（资本市场）。可是，到哪家“钱庄”估值定价好呢？由于大户人家是领投，自然希望估值在自家“钱庄”，而其他富户虽然是跟投，但也想用自家的“钱庄”估值，而有枣树的人家则希望找第三方开的“钱庄”，大家争执不下。其实，大户人家的海归儿子（香港）开的那家“钱庄”比较容易得到大家认可。由于“一国两制”，它有可能成为大家都可以接受的“钱庄”。

那到底“钱庄”为什么东西定价呢？首先是拿来做抵押品的枣树（资源）收益，然后是建设中所需要的材料（大宗商品）以及建设资金（人民币汇率与利率）。由于参与各方的利益和风险不同，政治、经济、法律制度也存在差异，大家都会对于“钱庄”的选择十分在意。如何找到一家大家都能接受与认可的“钱庄”至关重要。

“一国两制”下的香港就是这样一个神奇的“钱庄”。“一带一路”是国家倡议，会毫不动摇地推进。但有了香港，“一带一路”倡议可以获得更大的成功。

众所周知，在过去二十几年里，香港一直是连接中国与世界的转换器，在中国改革开放的大潮中，香港为内地企业筹集来自世界的资金，并成功转型为一个国际金融中心。在今后的二十几年里，香港除了继续发挥融资中心的作用，还可成为中国的全球财富管理中心、领先的离岸风险管理中心和中国的全球资产定价中心。

阿基米德曾经说过："给我一个支点，我能撬动整个地球。"今天的"一带一路"倡议，即将引领新一轮的全球化进程，香港完全可以成为"一带一路"的新支点，帮助中国撬动整个世界。

2017 年 6 月 30 日

09

新时代的交易所运营

我们正处于一个创新大爆炸的新时代。新科技和新经济正在以惊人的速度涌现，改变着我们的生活，也颠覆着各个行业。很多人每天都要思索同一个问题，如何创新才能让我们的公司活得更好、更有竞争力？

也许，在你们看来，交易所似乎跟创新扯不上关系。其实不然，金融全球化的时代早已来临，全球各大交易所都要凭实力来争取投资者和发行人资源，竞争激烈，不进则退，尤其是对于香港来说更是如此。香港本地的经济体量较小，单凭本地的经济是难以支撑起一个国际交易所和国际金融中心的。因此，我们不得不永远行走在创新的路上，从二十多年前的H股上市，到连接内地与香港资本市场的沪港通、深港通，再到2017年推出的债券通，香港交易所一次又一次创新和升级，为香港市场连接中国与世界创造了独特的价值。

在此，我想跟大家分享一下香港交易所近年来的三大创新探索。

1. 通过互联互通交易机制的创新来改善我们的市场结构。

2014 年，我们携手上海证券交易所推出了沪港通。2016 年，在沪港通成功的基础上，我们联合深圳证券交易所推出了深港通。沪港通和深港通采用的互联互通模式，通过交易总量过境、结算净量过境的独特交易机制创新，让两地市场可以在充分保留各自市场监管规则、市场结构和交易习惯的前提下实现完全市场化的交易互联互通，以最小的制度成本为内地资本市场取得了最大效果的开放，也丰富了香港的流动性，大大提升了香港作为国际金融中心的吸引力。我们欣喜地看到，沪深港通机制自推出以来，一直运作平稳顺畅，交易稳步增长，逐渐赢得了两地市场监管者和投资者的信赖。实践证明，沪港通开创的互联互通机制具有高度透明、封闭运行、灵活可控、可复制、可延伸的特性。受此启发的债券通今年也已经成功推出，我坚信，未来互联互通机制可以延伸到更多资产类别，例如 ETF、交易所债券和新股。

2. 通过上市机制的改革支持创新型公司融资。

二十多年前，我们的前辈开创性地推出了 H 股上市机制，为内地的改革开放提供了宝贵的资金来源，也让香港成长为国际金融中心和全球一大首选上市地。尽管成绩斐然，但香港要保持今天的优势地位并不容易，需要克服不少挑战，其中一大挑战就是我们的上市公司中低增长行业占比过高，高增长行业少，极有可能让投资者丧失兴趣、影响我们市场的活力。因此，香港交易所于 2017 年 6 月就完善香港上市机制展开公众咨询，希望能够吸引更多高增长的创新型公司。感谢市场各界的广泛参与，此次咨询达成了积极的共识，探明了上市机制改革的大体方向，很快我们将会公布咨询结论。下一步，我们将积极推进第二轮咨询和《上市规则》的细化改革，与市场各方一起找到最有利于香港市场发展、最能保持香港国际竞争力的方案。

3. **探索应用金融科技来提升我们的系统和服务**。

近年来，以大数据、云计算、人工智能、区块链为代表的现代讯息技术蓬勃发展，广泛应用到了包括金融业在内的各领域，金融科技正在深刻改变全球金融业的发展格局。面对这些令人震撼的新科技，我们作为金融市场的营运者和监管者，经常思考这样的问题：我们的系统够安全吗？速度够快吗？承接能力够强吗？今天的市场结构会被新技术颠覆吗？目前，我们正在研究的应用包括：人工智能技术在上市后监管中的应用，区块链技术在结算环节的应用以及部分测试数据存储的云计算应用。当然，这些探索还处于初期阶段，离最终落实尚有时日。

这些创新有的推行得快，有的推行得慢。在推进这些创新时，不时有朋友问我，你们的创新步伐是不是太慢了？我们也经常问自己，我们创新的步子迈得够大够快吗？也有的朋友认为我们走得太快太急了。

要回答这个问题，必须回到香港交易所的特殊定位。首先，我们是香港金融市场的引领者，因为金融市场对整个城市的经济发展举足轻重，我们有深深的危机感和使命感，我们必须带领市场各界朝正确的方向迈进，永远努力不被边缘化。与此同时，作为市场的营运者和监管者，我们必须兼顾各类市场参与者的利益，既要照顾到发行人和中介机构的需要，也要保护好投资者利益。因为这个特殊的定位，我们的创新跟一般公司的创新有所不同，既要积极进取、争分夺秒，又要通盘考虑、循序渐进。

打个简单的比喻：不知大家有没有关注过狼群的生活，狼是一种群居动物，尤其是在食物匮乏、冰天雪地的冬天，狼通常会以群体为单位活动。精明强悍的头狼走在最前面，它决定着狼群狩猎、防御和迁徙的大方向，必须勇往直前；它的身后紧跟着狼群的普通成员，它们有的强壮，有的瘦弱，有些走得快，有些走得慢；走在最后面的是时刻保持警惕的护卫狼，它要保护弱小，确保狼群没有掉队者，护卫狼决定着狼群前行的节奏和速度。由于狼群的成员特别团结，尽管单只狼的战斗力有限，但是依靠紧密合作，它们可以打败比自己体型大很多的狮子和老虎。

如果把整个市场比作一个狼群的话，交易所的角色既像是这个狼群的头狼，也像是狼群的护卫狼。我们有责任引领整个市场朝着最有前景的方向发展，我们必须灵活应变、与时俱进。作为中央市场的营运者，我们同时也是市场的守护者，我们要守护每一个狼群成员的安全，因此，当我们进行创新时，我们必须通盘考虑，统筹兼顾，照顾到发行人、中介机构、机构投资者、散户投资者等市场各方的利益和要求。

因此，在推进一些关系到市场重大发展方向或根本利益的创新时，我们一旦找准了方向，必须一鼓作气克服困难，全力推进，例如我们的互联互通机制。而在推进有些具有重大争议的改革时，我们因为要兼顾市场各方的步伐和利益，必须循序渐进，在取得市场的理解和共识后方能推进，例如上市机制方面的改革。

也就是说，狼群在生死存亡的选择面前必须不顾一切、奋力拼搏，但在长途迁徙的过程中，由于要照顾狼群中所有成员的需要，狼群的步伐也许不够快，也许会因此错过一片食物和水源丰富的森林，但是为了守护整个狼群的安全，这是必须付出的代价。我们今天所处的市场环境如同大自然一样风云变幻，阴晴不定，根据市场环境，适时切换创新的节奏，也是我们的重要职责。

朋友们，生逢这样的新时代，既是我们的幸运，也赋予了我们更多推动社会进步的使命，让我们共同努力，敢想敢拼，成就香港更美好的明天！

2017 年 12 月 8 日

第二部分

资本的逻辑与监管的抉择

任何改革都面临成本和风险，我们在顾虑改革的成本和风险的同时，却往往容易忽视不改革的成本与风险，因为不改革的成本与风险经常要在若干年之后才会显现，付出代价者很可能是下一代人。面对挑战，我们这一代人是不是应该更勇敢地担当起我们的责任呢？

10

清水还是浑水？博卡行杂思

2013 年 3 月，我应邀到佛罗里达州博卡拉顿市（Boca Raton）参加一年一度的美国期货业协会国际衍生产品会议。在过去几年里，这个会议的国际影响力与日俱增，至今已经成为云集业内所有重量级人物的盛事。博卡的阳光与海滩固然起到不小的作用，但我相信更重要的原因是，随着金融危机之后各国陆续出台新的法律法规，行业面貌正在经历剧变，无论是监管者还是交易所、参与者都不得不重新审视：衍生品行业将何去何从？

不出意料，本次大会主题正是国际资本市场的新法规、新监管。说起来，这还都是西方国家经历金融危机洗礼后的“未了余波”，旨在提升金融产品交易及结算的透明度、降低系统风险、加强投资者保护。须知道，直到今天，这类产品的交易结算仍多在透明度很低的场外市场（OTC）进行，加上西方市场多数采用“经纪/自营商”（broker-dealer）的传统模式，监管机构及交易所对经纪背后的客户信息所知甚少，因此其监管就显得鞭长莫及了。因此，新法规主要集中在强制将相对较复杂的金融产品从场外市场放回场内市场与中央结算所，以及如何保障投资者权益上。

不过，有一件事出乎我意料，那就是几乎所有的交易所都一面倒地把注意力放在亚洲，特别是中国。这次会议上，我获邀参与了大会每年都很抢眼的国际交易所行政总裁战略对话，其他嘉宾包括芝加哥商品交易所、欧洲期交所、洲际期货交易所、纳斯达克、纽约交易所及新加坡交易所等一众交易所总裁。我发现，几乎所有全球同业都将中国视为他们未来战略规划的重要一环，唯恐在这个“东方热潮”中落后于人。这再一次提醒了我，香港交易所不是唯一一个寻求中国机遇的交易所；而与其他交易所相比，虽然我们在把握中国机遇方面的位置角色确实独一无二，但并不能想当然，掉以轻心。

虽然国际交易所及投资者争相进军中国，但他们除了要面对中国资本管制这道“墙”外，还面临截然不同的市场架构及监管环境。前者众所周知，但大家对后者却知之甚少。甚至，由于中国封闭的资本管制，有人可能会误以为中国的市场结构仍处于落后阶段。谁若真那么想，只怕都要大跌眼镜了。

事实上，有别于西方国家，中国已经发展了一套完全透明的一户一码的交易及结算模式——就连每个投资者持有多少股份、付了多少按金等，监管机构及交易所都可以实时知道。中国6家交易所共有1.2亿个直接连接托管银行及结算所的投资者户口。经纪/自营商要在不同客户账户之间调动资金的空间很小，更不用说要挪用资金或进行其他不法行为。这全是中国20世纪初针对经纪/自营商舞弊问题严重而大刀阔斧改革市场结构的成果。所以到了今天，一切都变得透明、清澈。若说西方市场是一潭浑水，那中国市场就几近蒸馏水矣。

那么，是中国市场对呢，还是西方市场对呢?

古语有云:“水至清则无鱼。”中国市场的问题就在于水太清了。投资者的资金固然安全，但金融机构的角色大大削弱，沦为执行代理，失去了创新动力；投资者对于市场产生可观回报的能力也信心不大；监管机构成了市场的最终负责人，明显不利市场长远发展。所以，不能说中国完全对了。

反观西方市场，监管宽松，市场犹如一池浑水，个中猫腻甚多，养肥了许多以此为食的“池底鱼”。有人说，西方市场是到了过分创新的程度。21世纪初以来，随着水的浑浊有增无减，监管者、参与者渐渐看不清更掌控不了市场演变的方向和速度，最后导致有史以来最大的金融危机之一。所以，也不能说西方市场走对了。

香港市场正好处于双方市场之间，这是挑战也是机遇：一方面，要接通内地及国际市场这两池大水，就需要投入大量人力物力来修建“渠道”；但另一方面，一旦大功告成，香港就能成为东西互通的必经之路。香港有着得天独厚的定位和优势,这是历史给香港的机遇。

我们深知面前的机会千载难逢，所以，为了香港交易所，也为了香港，我们都责无旁贷，决意加强自身能力。让开市时间与内地市场同步是我们向这个目标迈出的第一步。投资数据中心等基础设施为今后市场发展奠定基础。此外，建立稳健的风险管理系统是另一个努力方向，2012 年完成的香港交易所风险管控体系综合改革更是重中之重——我们不仅要稳健管理今天的风险，亦要未雨绸缪，为明天可能遇见的风险做好准备。最后，我们要着手构想一个可兼取双方之长的市场互联互通方案。

正如在博卡所见所闻，全球目光都在看着中国；而我深信中国亦同样期待着走向世界。香港地区身处这重大转变的中心，明天的成功就取决于今天我们能否为东西两方找出最合适的解决方案。香港人从来开拓进取、勤奋上进，我对香港的明天充满信心。

2013 年 4 月 2 日

11

香港市场的另一历史机遇——写在H股上市20周年

2013年恰逢H股在港上市20周年，我们很高兴举办了一系列活动来庆祝这个重要的里程碑事件。从青岛啤酒来港上市成为首家H股公司算起，20年已经过去，到今天我们仍然享受着H股机制的丰硕成果。古人云："以史为镜，可以知兴替。"我想借此机会在这里分享一下我对香港资本市场的过去、现在及将来的一些思考。

在今天的人们看来，H股上市甚至是内地公司在港上市都已是顺理成章的事情。毕竟，自2007年起内地公司（包括H股）的成交量就一直占到整个市场成交量的近2/3以上，已经成为香港资本市场的主力军。如果没有H股，很难想象今天的香港可以跻身全球领先金融市场之列。H股上市也为国际投资者创造了分享中国经济增长的机遇，继而吸引世界各地持续不断的国际资金和大量金融才俊汇聚香江。不过，现在恐怕已经很少人知道20年前H股上市机制从无到有所遭遇的种种艰辛。

让我们一起来回忆一下当时的情形。1993年，中国仍然处于计划经济转型的开始，市场上的非国有企业屈指可数，对于内地企业而言，现代企业管治仍是一个全新的概念；内地资本市场刚起步，完全不能满足市场需求，更谈不上证券市场监管和执法。简言之，支撑资本市场运行的许多基本硬件软件还不存在。因此，当有人提出让内地公司来港上市这个大胆构思时，自然招来了多方质疑。打个形象的比喻，当时的内地就像一条方形的管道，而香港则是一条圆形的管道，实在看不出怎样可以把它们连在一起。

然而，双方都看到这背后潜在的巨大机遇不容错过。内地当时正在加快改革开放，大小企业（特别是国营企业）无不渴求海外资金。而在文化和地理上都与内地相近的香港，一个成熟的资本市场已经形成，投资者又熟悉和信任香港的市场体制，可以说，香港已经具备迎接这一历史机遇的天时地利人和。不过，方管到底怎样才能接上圆管？这真是一个难题。在此重要关头，香港充分发挥其创新进取精神，在适当时候制订出适当的解决方案——香港与内地携手共建H股机制，在当时的香港《上市规则》中特别加设一章只适用于中国企业的上市规则条文。H股机制，就是当年将方管和圆管连起来的“转接器”。

在当时这个解决方案不无风险，也引起了不少争议。其中一个主要争议，是内地公司究竟应该遵守标准较高的香港主板《上市规则》，还是应该另辟一个标准较低的板块上市。当时两地市场的领导层最终达成共识：既然内地公司的目标是要进军国际市场，那么一开始就应当遵守最高标准的规则。今天回头来看，当时作出这个正确决定着实需要远见和勇气。正因为这一正确的决定，此后内地公司赴港上市的个案源源不断，带来了香港市场的繁荣兴旺。另外，香港亦帮助内地经济成功转型，逐步迈向市场经济。

今天，许多大型国企已经在香港上市，内地公司来港上市也已经比较成熟。有些人甚至开始担心H股这股甘泉终会干涸。对此我却保持乐观，原因有二。第一，中国证监会不久前放宽了内地公司来港上市的审批条件，加上B股转H股的成功个案，H股公司的上市来源依然十分丰富。第二，未来H股公司上市股份的全流通将大大推动市场的繁荣。目前，H股公司的大部分股份均由政府部门持有，并不在市场流通。这些股份总值数以万亿港元，我们预计这些股份将来会逐步上市交易流通。到了那一天，我们市场的规模及流通量都将大幅提升。

其实，除了上述这些由现有H股机制带来的增长机遇之外，香港亦正面向另外一大历史机遇，这一机遇有望为香港带来下一个繁荣的十年。不过，要把握这一机遇，可能意味着我们将不得不作出一些艰难的抉择，情况一如20年前。

想认清这个新机遇，不妨先来看看自1993年以来的这20年中间发生了哪些变化，又有哪些东西不曾改变。

哪些东西不曾改变？内地经济面向国际市场开放的意愿和需求仍然很大。随着国内贸易和经济与全球接轨，内地对资本市场及金融业开放的需求与日俱增。同时，由于“一国两制”，香港在金融市场、体制和与国际市场的互通等方面仍然保持着一定的优势。简而言之，香港对内地来说仍具有十分独特的价值。

哪些东西经已改变？中国已经由一个“渴求资本”的国家变为“资本充裕”的国家，即从前是资本输入国，现在已开始向资本输出国转变。香港未来的角色不再仅仅局限于为内地发行人提供国际资本，更具现实意义地已开始包括为内地投资者提供机会以接触国际发行人及国际金融产品，同时也为国际投资者提供渠道，投资内地上市公司及金融产品。

那么，香港今天是否已准备迎接这一历史性的转折了吗？我们能够与时俱进、准备好所需的基础设施、制度和人才吗？我本人对此信心十足。香港人既善于把握先机、锐意创新，又有着坚苦卓绝、同舟共济的精神。我深信在这些优秀条件的推动下，香港必能继续突破自己，再创辉煌。

20 年前，香港上一代的金融人勇于创新并取得成功。今天轮到我们接棒了。让我们携手努力，为香港和内地市场的互联互通共建新的机制，为下一个 20 年创造新的繁荣。

2013 年 9 月 2 日

12

投资者保障杂谈

关于香港投资者保障、股份架构和股东投票权的讨论十分热闹，各种声音不绝于耳。我一直仔细倾听着这些不同的声音：有些声音格外响亮，也有些较小的声音不容忽视。每当我尝试静下心来思考投资者保障问题的时候，这些声音总是萦绕在我耳边，挥之不去。

一天晚上，我辗转反侧，耳边响起了这些争论声，久久不绝。恍惚间，这些声音的争论一一展开……

第一个说话的是声势豪迈的传统先生，他非常满意香港现有的市场体制，完全不觉得有必要改变。“香港的体制长期以来运作非常顺畅，为什么现在要改变？这里的市场之所以这么成功，就是因为我们的投资者保障机制出了名的好。香港的《上市规则》十分清晰，谁想来香港上市都一视同仁。我们一直是走在世界前列的金融中心，近年还一再荣登首次公开招股集资额排行榜的榜首。对于我们来说，吸引发行人来上市集资完全不成问题，我们也不曾为任何公司妄开先例。好端端的为什么要改变？”传统先生摇着头重重地坐了下来。

这时候，创新先生忍不住发话了。他是个发型前卫的年轻小伙子，激情洋溢，语速极快。

“传统先生，你算了吧。多层股份架构有什么问题？世界上大部分交易所都允许这样做，只有香港墨守成规、不肯接受。看看那些在美国上市的科技公司，最大的几家公司比如Google和Facebook，都是以特别投票权来维护创办人的地位。人们投资这些公司，就是因为相信公司创办人独特的眼光、业绩纪录和声誉！创办人关心公司的长期发展和利益，比起那些单靠短期套利赚钱的对冲基金和自以为是却根本不懂如何经营创新科技公司的并购狙击手们好多了吧！你看看苹果公司！乔布斯不就是在‘完美’的企业管治程序下被踢出局，险些令苹果破产的吗？最终还不是靠把乔布斯请回来主持大局，才再创地球上的科技神话！”

创新先生滔滔不绝，冷不防声音稳重的披露先生插嘴进来。“冷静一点，创新先生。现在问题的关键不是创新的创办人和进取的投资者相比孰优孰劣，而是信息披露。监管机构只需要定下良好体制确保信息披露准确并惩罚违规者。别忘了，若有公司以这样的股权结构上市，考虑到手上并不平等的投票权，投资者愿意为它们付出的价格自然也会打折扣。至于公司创办人若要求有特殊投票权而投资者愿意为这种架构的公司付出什么样的价格，就由市场来定吧。这种体制在美国和其他地方都很成功，既不损害公司价值，也没有影响投资者利益。香港市场是时候与时俱进了。”

“不过，有一点要提醒大家，”披露先生继续说，“美国的多层股权制之所以运行良好，是因为他们以披露为主的市场机制，与身经百战经验老到的机构投资者和一究到底的集体诉讼文化组合在一起，这些全都发挥着重要的制约作用，可抗衡同股不同权带来的负面影响。如果香港要学习的话，必须有足够的配套组合，既赋予创办人足够的动力，又确保他们诚实可信。如果你问我的意见的话，我认为循序渐进的改变要好过全盘复制美国的制度。”

“等一等，”又传来了一个声音，“你们人人都在说保障投资者，不如我们先问问投资者，看看他们到底想要什么吧！”“好主意。”大家异口同声地说。大家先问大基金先生。“我完全不关心一家公司到底在香港还是在纽约上市，因为在哪里我都可以投资呀。我只关心那家公司是否是一家好公司。我不喜欢同股不同权，但如果公司非要以这样的架构上市，我也知道怎么给它估值。”然而，另一边的小散户女士却感到很为难：“我不能投资美国股市啊，所以，如果有一家优秀的公司，请不要夺走我的投资机会啊！但话说回来，我真的不喜欢公司同股不同权，这对我们不公平。我希望监管机构可以帮忙照顾我的权益。”

接着我又听到另一个声音，是务实女士：“喂，各位各位，让我们谈点实际的吧！我们香港人一直都以开拓、务实而闻名。我们曾经大胆引入H股和红筹公司并大获成功，我们也适时把握了小型民企来港上市的机遇。这一次，让我们敞开双臂迎接新经济公司吧！如果香港错过了中国下一轮上市大浪潮，我们大家都会输掉！不只交易所和证监会将损失交易费及征费、政府损失印花税，经纪亦将失去数以亿元计的佣金，投资者们更将损失投资这个时代发展最快、最有潜力公司的巨大机遇！香港怎么可以错过这些！”

慢着，有人实在听不下去了！原来是道德先生，他对大家竟然在赤裸裸地讨论金钱感到很生气。“你这是什么意思，你……你……！”他大声说道，“这是再简单不过的事——一股一票就是了，无须再讨论！你凭什么声称创办人可以享受特殊待遇！别忘记创办人也有老去的那天——当他头脑不清自私自利时，你还愿意给他机会独揽大权，无止境地榨取公司的利益吗？为了赢得一两家大型公司，你就要出卖香港精神？那我们辛辛苦苦建立的声誉何存？香港为什么要学习美国？看看华尔街那帮人打着金融创新的幌子闹出多大的全球金融危机。香港的体制就是这样，不喜欢的人大可以卷好铺盖走人。”

我感到气氛开始紧张起来，大家坐立不安，但谁也不敢公然反对道德先生，因为……道德先生永远是对的。可是，本来一直在自顾自听音乐的未来小姐，此刻却摘下耳机，向道德先生说道："咱们就事论事，不要搞人身攻击嘛。世界在变、中国在变，香港地区也应该要变啊。10年前香港错过了科技革新的机会。展望未来，中国将涌现一大批代表新经济的公司，尤其是在互联网领域，它们可能会彻底改变中国未来10年的经济面貌。这可是香港将中国故事和新经济融合在一起、真正掌握全球领导力的好机会啊。"此时，未来小姐直直望向道德先生，说道："你当然无所谓，你已经名成利就，但想想我们这一代香港人啊。"

道德先生心有不甘，反驳道："但你们为了未来，难道就非要给创办人特权吗？"

"如果赋予创办人特权是能吸引这些代表未来的新经济公司来港上市的唯一之途，那就给他们好了，"未来小姐答道，"你没有权力剥夺我们的未来。别忘了，你们今天投资的大公司明天都可能被这些新经济公司彻底取代，到那时，我们年轻人怎么办……"

未来小姐显然烦躁起来。至此，梦中的我已听得直冒冷汗……

"好啦，好啦，大家不要那么激动。"我听见一个熟悉的声音在叫大家冷静。谢天谢地，程序先生来了，真是人如其名，程序先生从来都是那么深思熟虑。

程序先生继续发表他的意见："整件事不关谁对谁错，也不是说特别股权结构对市场是好是坏，更不是说公司创办人和进取的对冲基金究竟谁可以创造价值或破坏价值。每件事大家都可以证明有好坏两面甚至多方面。整件事不关香港到底应该拥抱明天还是活在往昔。大家都希望拥抱明天。"

这时，只见人人都坐了下来，聆听程序先生讲话。"这件事关系到审慎程序，"程序先生说道，"香港的《上市规则》非常清晰，如果要修订条文，必须按照审慎程序进行。如果为了迎合新来者而朝令夕改，我们的公信力便荡然无存。那么什么是审慎程序？就是说，如果公司要求的改变'有限、适度而且平衡'又能根据香港现行整体上市机制的条文规定或精神合理地处理，豁免或者批准都可以斟酌。这也是上市委员会及证监会一直以来的工作之一。另外，我们也应考虑所行使的酌情权能否归纳为一项先例。这一点十分重要，因为香港是法治之都，监管者需要为将来寻求类似待遇的其他上市申请人划定一条清晰的法规界线，并仔细阐述划定这一界线的原因。"

程序先生继续说："如果要求超出了《上市规则》所许可的有限酌情范围，那就要经过适当的公众咨询之后才可以修订规则及政策，确保所作的改变经得起时间的考验。这是香港的优良传统，必须坚持。"

梦中的我不禁问：答案到底是什么？

"为什么不找答案先生请教一下？"有人建议。"对，好主意！”大家异口同声地说道。

我拼命地想听清答案先生的答案，但一下竟醒了过来！

现实中，哪里会有什么答案先生来给我们拿主意？我们只能依靠集体的智慧自己做决定。这里最需要的，是客观看待事情，不被负面情绪牵动，不受指摘影响，也不被个别公司或个案的具体情形而影响判断。归根究底，我们需要做出最适合香港、最有利于香港的决定，而不是最安全最容易的决定。

此刻，我已经完全从梦中醒来并回到办公室。我迫不及待地把这些声音写在这篇博客里，正要完稿之际，却清楚听到耳边有另外一个声音对我说："小加呀，人们已经在批评交易所在这个问题上有既得利益不宜参与讨论；尽管你自己认为这种说法没有根据，但是此刻保持沉默置身事外不是更好吗？"我思索许久但还是决定继续这篇网志，主要原因有三。

首先，没错，我是香港交易所的集团行政总裁，促进和保障交易所股东的利益是我职责的一部分。可是，正如我们的章程所规定的，当"公众利益"与港交所股东利益之间发生冲突时，我们永远要把公众利益放在第一位。正是出于"公众利益"考虑，我才决定参与这一重要的讨论。

其次，有关个别公司上市或政策改变的决策并不取决于我或香港交易所董事会。它们均由上市委员会和证监会审议决定，我只是众多声音中的小小一员。上市委员会的其他 27 名委员都是香港金融界的精英才俊，为了香港的利益，他们无私奉献出自己宝贵的时间、智慧和丰富的实战经验。这一决策过程和证监会的监督安排正是为了保障香港的最佳利益。

最后我想说，我无意去改变任何人的想法，或宣扬任何立场。我只是希望大家能在这一涉及公众利益的重要议题上进行诚恳、公开、平衡客观且尊重各方的讨论。不论您是个人投资者，还是大机构负责人，只要胸怀坦荡，只要抱着为香港最佳利益考虑的心态真诚表达意见，就不应为参与这场讨论而感到羞怯、害怕或者愧疚，因为每个人的意见，对我们都同样宝贵！

2013 年 9 月 25 日

13

“梦谈”之后，路在何方？——股权结构八问八答

自上次我在博客中“梦谈”投资者保障以来，市场上出现了更多关于上市公司股权结构的讨论，这是好事。不过，我们不能只停留在回味梦中的声音，在现实中更需要勇于直面问题，共同担当起“答案先生”的角色。今天，我想在此尝试回答市场热议的一些问题，分享一下我对于投资者保障与股权结构的看法。为了避免不必要的误会，以下仅代表我个人的观点。

问 一、关于股权结构与投资者保障的讨论似乎已经告一段落，你为什么又旧事重提？

在前一阵子的激烈论战中，各方都酣畅淋漓地表达了自己的意见。有一些朋友获得了精神胜利的愉悦，感觉很爽；也有一些朋友

感到失望与惋惜。但问题是，大家都在自说自话，并不一定认真倾听和分析了对方的发言，也没有足够的努力在这么多不同的声音中寻求共识。

面对香港金融业究竟应该如何迎接新经济带来的历史机遇这一重大问题，我们仍没有答案。在下一波新经济浪潮中，中国创新型公司将占据相当大的比重。对于香港而言，丢掉一两家上市公司可能不是什么大事，但丢掉整整一代创新型科技公司就是一件大事，而未经认真论证和咨询就错失了这一代新经济公司更是一大遗憾。

在我看来，这个问题关乎香港的公众利益，并且已经迫在眉睫，不容逃避。这需要我们有承担、有勇气去进一步寻找答案，否则，就白白浪费了一个为香港市场规划未来的重大机遇。因此，我决定在此率先说出我的拙见，希望抛砖引玉，引发更多有识之士对于这一问题理性和智慧的探讨，为香港找到一个最好的答案。

问　二、创新型公司与传统公司有什么不同，为什么它们值得投资者在公司治理机制上给予新的思考?

创新型公司与传统公司最大的不同在于，它取得成功的关键不是靠资本、资产或政策，而是靠创始人独特的梦想和远见。回顾这些创新型公司的成长史，我们不难发现，每一个伟大的商业计划最初都起源于创始人一个伟大的梦想。苹果公司的成功起源于乔布斯发明一台改变世界的个人计算机的梦想，Facebook 的成功源于扎克伯格希望以互联网改变人们交流方式的梦想，Google 的成功源于佩奇和布林想要通过链接把整个互联网下载下来的梦想。这些创始人的伟大梦想和创意成就了创新型公司，也成为他们最重要的核心资产。毫无疑问，对于这类公司而言，创始人应该比任何人更珍惜他们自己的“孩子”、更在意公司的长远健康发展，也恰恰因此，众多投资者钟情于这样的公司。

创新型公司还有一个重要的共同特点，就是它们的创始人创业时都没什么钱，必须向天使投资人、创投、私募基金等融资来实现自己的梦想，这就使得他们在公司中的股权不断被稀释；一旦公司上市，他们的股权将进一步下降，作为公司发展方向掌舵人的地位将面临威胁。在公司的长期利益和短期利益发生冲突时，他们甚至可能会被轻易地逐出董事会。

为了鼓励创新，为了保护这些创新型公司的核心与持久竞争力，国际领先的市场和很多机构投资者在这方面已经有了新的思考与平衡，他们认为给予创始人一定的空间与机会掌舵，有利于公司的长远发展，也是保护公众投资者利益的一项重要内容。

问 三、给予创新型公司创始人一定的控制权与保护公共股东利益，是不是一对不可调和的矛盾？

在一个好的制度设计下，它们并非不可调和。制度设计的关键在于创始人的控制权大小必须与市场的制衡和纠错机制相匹配，以减少创始人因错误决策或滥权对公司和其他股东带来的损失。伟大的创始人是可以创造出伟大的公司，但权力不受约束的创始人也可以让伟大的公司轰然倒下。因此，制衡与纠错机制必不可少，一个市场中制衡与纠错机制越强大，给创始人的控制权就可以越大，反之亦然。

问 四、在维持现状与双层股权这两个极端之间，是否还有其他的可能性？

对于这一问题，市场意见纷纭，提出的建议也很多，从最简单的坚持同股同权到最极端的双层股权都有。

最简单的可能是维持现状，不给予创始人对于公司控制权任何形式的特殊权力，但这并不意味着没有代价。若要选择这个选项，香港可以保持传统公司治理机制的纯洁与简单，可以轻易占领道德高地，但是也可能意味着香港主动放弃了一大批引领经济潮流的创新型公司，从而失去我们市场未来的核心竞争力。

而与维持现状相对，另一个极端是允许上市公司发行附有不同投票权的双类或多类股票（即创始人所持股票的投票权高于普通公众股票的投票权）。这类制度在美国及欧洲很多海外市场运行多年，Facebook 和 Google 等大型 IT 公司均采用这种多层股权结构上市。

不过，香港如果要引入这一制度恐怕将会引发争议。支持者认为香港应向以披露为主的成熟市场大步进发，让市场和投资者自由决定，而反对者则认为这是香港在倒退，因为香港市场和海外市场区别巨大，香港中小投资者无法与强势的大股东有效抗衡。

这两个极端之间其实有很多不同的可能性，但最具代表性的分水岭在于是否给予创始人多数董事提名权。

分水岭的一边可能是允许创始人或团队有权提名董事会中的少数（例如7席中的3席、9席中的4席等），并对高管之任命有一定的影响力。支持者认为这种安排不会对现有同股同权制度造成任何实质改变，同时可以在制度上使创始人对公司保持重要的影响力，不用顾虑随时会被强势股东联合踢出董事会。这一安排赢得共识的关键在于如何确立创始股东对高管任命（特别是行政总裁）的影响力，这需要监管者设计出精巧的制度安排，既保障创始人及团队掌舵公司的稳定性，又不对同股同权的基本原则产生实质性冲击。

分水岭的另一边是让创始人或团队可以提名董事会多数董事，但股东大会可以否决创始人的提名；除此之外，所有股份同股同权。支持者认为这样的机制可以使创始人通过对多数董事的提名，实现对公司一定的控制，但反对者认为这可以使创始人以很低的成本实现对董事会乃至整个公司的有效控制。

有可能让正反两方达成共识的关键是这一提名制度的纠错能力与有效期限。如果创始人的提名屡次被股东否决仍能继续提名，那这种控制权就可能已造成实际的同股不同权；如果这种提名权在股东大会否决一至两次后即永久消失，这就会使创始人极其认真严肃考虑提名以求得股东支持。同时，当其他股东与创始人在根本利益上有重大冲突时，其他股东可以通过一两次否决就收回这一特权，这样的安排可以大幅降低该制度可能被滥用而引发的争议。

问 五、如果市场达成共识要对现有制度做出一些改变，我们应该如何确保程序公义？

如果选择维持现状，我希望是经过仔细论证和综合考虑后作出的主动选择，而不是因为屈于压力、惧怕争议或者懒于作为的后果，因为这关乎香港的未来。

如果我们考虑修订上市政策及规则，则应该根据修订幅度的大小选择相应的审慎程序来推进。轻微的改动也许只需监管机构行使酌情权；而稍大的变化则需要事先向业内人士进行一些“软咨询”（Soft Consultation）使决策更周全；更大的改革则必须经过全面市场咨询，有些甚至需要经过立法程序。

当然，现实中需要讨论的情况可能比这些更复杂，需要具体情况仔细分析。简言之，无论作出任何选择，我们都必须经过审慎客观的程序，体现法制尊严和程序正义。

问 六、现在热议的“合伙人制度”是不是一种可行的上市方式？

老实说，我不明白这个问题与我们讨论的上市公司股权治理机制有什么必然的逻辑关系。

传统意义上的“合伙制”与公司制是两种完全不同的公司治理机制，很难想象如何将它们糅合在一起。

◎ 合伙制是一人一票、合伙人之间通过合同相互制约；而公司制则是一股一票、股东之间通过公司章程、公司法等“标准契约”来定义权利与义务。

◎ 合伙人这个集体是由合伙人之间的合同约束，谁进谁出由合伙人达成共识而决定，由此来体现合伙人公司的价值传承等；而公司制下股权依出资比例而定，股东之间的关系是依靠“标准契约”来规范，股东通过在市场上买卖自由进出。可以说，前者是人治，后者是法治。

上市公司只能是采用以股权为基础的公司治理机制，监管者不会也无法在上市公司制度层面将这不可兼容的“水”和“油”糅在一起。

在上市公司治理机制下，监管者只关注股东、董事和管理层这三类人群之间的权力与责任关系，是否属合伙人与此无关。当然，部分股东、董事或管理层可以自行组织合伙人公司或其他团体来维护共同追求的某种特定价值观和管理理念，但这并不是上市公司监管者的关注点。当这样的组织形式对上市公司运作产生影响时，监管者会要求适当披露。

问 七、如果市场同意要为创新型公司来港上市做出一些规则修订，我们应对适用于什么申请人做出怎样的限制？

假如市场同意给予某些创新型公司的创始股东一些特殊权利，这些权利也应该仅适用于有限的情况。例如：

◎ 这家公司必须是代表新经济的创新型公司，因为这是整个讨论的出发点，这一制度“例外”并不是为其他传统公司设计的；当然，也需要对何为“新经济”“创新型公司”下一个更准确的定义。

◎ 获得此类有限权利的必须是创始人或创始团队，因为这也是讨论的出发点，这一制度“例外”不应该被随意转让或继承。

◎ 创始人必须是股东并持有一定股权，因为讨论的基础是股东的权利，要保证创始人与股东利益的整体和长期一致性；一旦创始人或创始团队手中的股份降到一定水平下，这一制度“例外”也应自动失效。

此外，还可以考虑施加最小市值或流通量等条件，以确保这些公司中有相当数量的成熟机构投资者来监督这些特殊权利不会被滥用。类似这样的限制方案还可以有很多，但总而言之，不是所有公司、所有人都能享受特殊权利。

这里值得一提的是，“合伙人制度”本身是否可以是一个条件呢？如前所述，“合伙人制度”是公司自身激励人才、留住人才和追求特定价值观的管理制度，市场监管者无须评论其优劣，但它不应与公司的股权制度混为一谈。如果“合伙人”符合开列的条件，例如他们是创新公司创始人或团队，并且是持有一定股份的股东，那么就可以被考虑，否则就不行，这与申请人是否采用“合伙人制度”并无必然关系。

问　八、作为香港交易所的集团行政总裁，你上次发表的言论已经招致一些非议，认为你有为香港交易所谋私利之嫌，甚至有人认为你在为个别公司上市开道，此次你再发博客不怕引火烧身？

我不害怕，因为发表这篇文章的目的正是为了香港的公众利益，这一公众利益远远超出了某一家公司是否来香港上市。

何谓公众利益？在我看来，它首先包括崇扬法治精神、捍卫程序正义、维护市场的公平、公正、公开与秩序；同时，公众利益也应该包括发展市场、确保香港作为国际金融中心的长期核心竞争力。一个心怀公众利益的市场营运者和监管者，必须综合考虑其职责与目标，充分听取市场各方意见，并找出最有效的方案，最大限度实现全市场的共赢。

同时，我也相信，一场有智慧的讨论会聚焦于问题的实质和观点的论据，而不会拘泥于讨论者的身份和地位，更不会以揣测讨论者意图来逃避这个影响香港长期核心竞争力的问题。

最后，我想说，以上回答仅代表我的个人意见，我并非以上市委员会委员的身份在此发言，既不代表香港交易所董事会的意见，更不代表上市委员会的意见。在这个问题上是否进行公开咨询、如何咨询、何时咨询完全取决于上市委员会及香港证监会的决策与指导。

我之所以愿意在这里袒露心扉，是因为我相信香港是一个理性社会，能够开展有智慧、有担当的讨论，希望我的直率表达能够呼唤更多有识之士为这一重大问题献计献策。我期待各位一起加入这场讨论，香港的公众利益需要您！

2013 年 10 月 24 日

14

厘清“断路器”疑云

2014 年 2 月 4 日，马年的开市锣声敲响，香港的市场又变得热闹起来，我和香港交易所的同事们也对新一年的工作满怀憧憬。

在刚刚过去的蛇年，我们收获颇丰：2013 年我们的市场复苏势头强劲，首次公开招股集资额名列全球第二，交易所买卖基金及多种衍生产品合约成交量均创下历史新高；集团旗下的子公司伦敦金属交易所（LME）多项产品交易量亦刷新历史纪录。不过，正如我以前所说，任何时候我们都不能自满。因为我们身处一个竞争激烈、瞬息万变的行业，要在这个行业中脱颖而出，我们必须时刻全神贯注，确保我们的市场富有竞争力，同时维持审慎的风险管理水平和投资者保障标准。

这几个星期以来，我被多次问及有关市场的微观结构的看法，尤其是“断路器”这个问题备受关注，各方人士纷纷发表意见，讨论十分热烈，这在我看来是一件好事。既然如此，在这里我也想说一点自己的看法。

首先，什么是“断路器”？所谓“断路器”指的是一个机制，是指价格在极短时间内突然出现极端波幅以致超过某一默认幅度从而触发有关证券或证券组别，甚至整个市场的交易暂停的一个机制。设立该机制的目的是给予市场一个冷静思考的机会，避免由于程序错误或乌龙指令等非基本面因素造成的价格波动引发恐慌性反应。在不同的“断路器”机制安排下，在短暂停顿期间，交易可以又或不可以在一定限制条件下继续；暂停结束后市场随即恢复正常交易，“断路器”的触发条件也将被重新设置。

以前，我们的市场也不时讨论过“断路器”机制，当时得出的结论是没有必要。有人认为“断路器”机制不适合我们的市场，形同强制干预市场运行，如今旧事重提只是浪费时间。然而，时移势迁，过去所作的决定未必适用于现在的情况。香港交易所必须维护市场的公平有序，事实上这也是我们的法定职责，因此我们必须时刻保持警觉，密切关注各种市场变化会否令我们需要引入新机制才能继续维持市场秩序。

在正常情况下，投资者在市场中博弈寻求平衡价格，无须市场运营者的干预。但是近年来，计算机应用的深入推广几乎改变了每个市场的交易方式，我们的市场自然也不例外。现在的交易较 10 年前更方便快捷，而且经常通过计算机程序自动完成，但这也就可能引发错价盘出现（即使是小概率事件），造成过度反应，危及市场秩序。固然，这些过度反应最终都会在市场力量下消失，但可能当中要经历相当的动荡，甚至严重影响市场信心。近年来，这样的事故在海外市场屡有发生，迫使我们不得不思考：类似的事故未来会不会在香港上演？

一些市场参与者曾向我们表示担忧，不知香港市场是否有适当的措施防范人为及机器错误所引发的混乱。事实上，国际证券事务监察委员会组织（国际证监会组织）已要求全球各个市场就此进行检视，证监会今年初实施的新电子交易规例亦正是朝着同一方向推进。我想，现在也许是时候重新讨论香港市场是否需要“断路器”机制了。

这就是今天我们在此探讨“断路器”机制的原因。在此，我也想澄清市场上流传关于“断路器”机制的一些误解。

误解之一，认为香港交易所推出“断路器”机制是为了与内地交易所接轨。其实，探讨“断路器”机制之目的并非为了与内地接轨。我们讨论“断路器”机制的目标有二：第一，考虑香港市场是否需要引入“断路器”机制；第二，如果需要，就要制定一个能够适合香港市场独特情况、满足香港市场独特需求的机制。

误解之二，以为“断路器”机制就必定像内地及部分其他亚洲市场一样设定严格的每日价格限制，这其实未必。在许多设有“断路器”机制的海外市场，触发交易暂停的价格限制并非固定的，而是随市场变动而动态调节，使价格发现的过程尽可能贴近常态。最关键的问题是，如果要在香港推出“断路器”机制，我们就必须找到最适合香港的模式。

误解之三，以为“断路器”机制等同停牌。这也是不一定的。许多交易所采用的“断路器”模式提供了短暂的“冷静期”（一般为数分钟），期间可在符合若干条件的情况下继续交易，例如可以限制的价格执行交易盘等。

在我看来，适合香港市场的“断路器”机制必须满足以下条件：

（1）可降低由非基本面因素（例如错误程序）所引发的市场骤然极端波动风险。

（2）有助于维护市场秩序。

（3）具有足够的灵活性，容许由基本面因素推动的价格变动。

（4）操作直接，方便市场人士理解及执行。

要满足这些条件并不容易，因此，在得出结论前我们必须就此展开广泛深入的探讨。

有关这方面的讨论现在才刚刚开始。我们的市场究竟是否需要“断路器”机制？如果需要，又应该是哪种类型的“断路器”？对于这些问题，香港交易所并未得出任何结论。只有在充分咨询市场并综合考虑各方意见之后，我们才会做出决定。在这个问题上，大家可能会各有己见，不过，如果没有通过公众咨询这个平台集思广益，如果没有仔细地聆听、辩论和思考所有意见及建议，我们就不可能为市场做出最佳决定。所以，我希望大家多一点耐心，在积极发表意见的同时能够保持开放态度，聆听他人意见。

当然，研究“断路器”机制绝非我们今年唯一一项战略议程。除了开展各项新业务计划以外，我们也在努力研究巩固既有业务的方案。

我们深知，任何新措施的推出都不无挑战，因为它们关系到各方市场人士的不同利益。因此，我们会仔细考虑各方参与者的意见。日后如果决定推行新举措，我们一定会全面咨询市场；若建议措施获得市场支持，我们一定会给予市场充分时间做准备和调整才付诸实施。我们也会尽力阐释新措施，务求交易所参与者和投资者都能充分理解。

未来我们就这些新措施进行咨询时，希望所有市场人士都能踊跃发言，为我们献计献策。只要我们一起努力，我们一定可以进一步提升香港的竞争力，在 2014 年更上一层楼。

2014 年 2 月 13 日

15

香港需要您的声音和智慧！

2013 年，我曾经两次浅谈不同股份架构下的投资者保障，抛砖引玉，希望有一天香港社会能在这一涉及公众利益的重要议题上进行坦诚和富有建设性的讨论。

如今，这一天终于到来了！2014 年 8 月 29 日，香港交易所在网站上公布了《不同投票权架构概念文件》，就香港是否应该允许同股不同权上市架构提出了一些概念性议题，启动了更为系统的市场咨询，希望能够听到更多有智慧的意见。

近年来，由于收到不少有关同股不同权上市架构的查询，上市委员会内部一直有讨论这个问题，2013 年由于某家公司的缘故，更多市场人士参与了这一讨论。值得高兴的是，这场讨论并没有因为某一家公司的离去而搁浅。相反，讨论的深度和广度不断升级，早已超越了最初的狭隘议题。所以，才有了今天我们看到的这份概念文件。

这份文件不同于香港交易所以往发出的许多咨询文件，它并未针对《上市规则》的修改提出具体改革方案，而只是就一些概念性议题先行进行探讨。它的主要议题只有两个：一是香港联交所是否应该允许公司采用同股不同权架构上市？二是如果允许，应该在什么条件下允许？

换言之，在这场关乎香港市场未来竞争力的重要讨论中，我们现在刚刚迈出了第一步，就是倾听市场到底有多少声音认为现行的同股同权原则可以有灵活和变通的空间与必要，如果这样的声音够多够大，我们才能迈出第二步——去讨论应该如何变通的问题，如果市场对这一改革缺乏足够的共识，我们也许就没有必要迈出第二步。

虽然不涉及《上市规则》的具体改革方案，但是这份咨询文件全面梳理了香港市场目前所处的现状以及其他主要市场的做法，并附有一些实证研究结果，为公众理性、深入参与这场大讨论提供了十分丰富的背景资料，值得仔细一读。

拿到这份文件，也许有人会批评我们的效率太慢，“都已经过去十几个月了，怎么才看到一份概念文件？”老实说，在这个竞争激烈、分秒必争的年代，谁不想一日千里呢？可是，在香港这样一个崇尚法治，追求程序公义的社会里，效率、公平与公正，到底如何兼顾与权衡，永远都是摆在政府和监管者面前的一道难题，需要智慧，也需要耐心。尤其是这样一个关系到香港市场未来竞争力的重大咨询，更需要客观、充分反映市场各方的不同意见。当效率与程序公义产生矛盾时，我们很可能错过大好事，但也可能因此避免铸成大错。

据我所知，在2013年到2014年的近一年中，上市委员会、香港证监会和香港交易所上市科为了起草这份咨询文件付出了大量辛勤的汗水，也经历了无数轮热烈的讨论。他们如此仔细缜密地准备这份咨询文件，正是为了遵循程序公义的精神，为香港寻求最大化的公众利益。在此，我要由衷地为他们的严谨公正点赞，我更要为香港的程序公义和法治精神鼓掌！

在这份文件中，香港交易所完全保持中立，没有任何预设立场，只为提供一个理性辩论的舞台，让市场各方都能就此议题畅所欲言，为香港的明天集思广益。过去20年，香港凭借锐意进取的创新精神，成长为一个多元化的国际金融中心。世界日新月异，变化是唯一不变的主题。未来20年，香港市场能否持续保持竞争优势再创辉煌，取决于我们能否时刻保持警醒，能否在坚持法治精神的前提下与时俱进，能否理性听取各方的声音求同存异。

朋友们，香港的明天需要您的声音，请为香港市场的未来踊跃发声！无论您是经纪人、律师、会计师、上市公司老板、投资者，还是普通市民，您的声音对于这场咨询都同样重要！

2014年8月31日

16

中国特色与国际惯例，市场结构内外观

A 股市场巨幅震荡稍见缓解，我原本不想在这个时候对 A 股市场评头论足、事后诸葛亮。然而，2015 年 6 月底我在上海陆家嘴论坛就内地 A 股市场发言的部分小标题，近日多番被引述评论，当中确有好些误会。本来，参与陆家嘴论坛的多是金融业内人士，他们在现场已听到发言的整体及其上文下理，我也无须多加背景，但我当天有些用词可能不够清晰，引起了部分公众误解，我希望系统地再说明清楚。

我当日主要谈的，其实是尝试客观分析 A 股独有的市场结构及其对动荡中的内地市场可能造成的影响，并非评价哪个市场制度好坏，也并非要鼓动投资者应该到哪个市场。我认为，内地在独特的历史路径下形成的“穿透式”账户管理与中央托管制度，可算是全球仅有：对监管者而言，它是“最透明”“最扁平”的场内市场结构；

若论到对投资者托管资产的保障而言，它也是“最安全”的——事实上，内地近年确实鲜有投资者的资金或股票被中介机构挪用的事件发生。但是，在这制度下，内地市场内却缺失了像香港这样的国际市场中的多层次、多元化、专业化的机构投资者，也欠缺了各自以专业优势、业务特点判断市场的中介机构，这导致内地市场由散户主导价格形成机制，往往容易导致强烈的羊群效应，形成单边市场趋向。市场同质化往往容易形成单边追涨杀跌，在市场形成极大动荡。

就内地而言，经历救市的市场现在其实更需要开放、更需要国际化。对香港市场而言，在发生动荡之后则更应认识到自己市场的机会与挑战、更应主动地发挥香港独特的优势，准备好在内地市场恢复元气与再次崛起时，为香港金融市场发展闯出更广阔的一片天地。

我曾在多个场合，包括一些国际性行业组织年会及香港证券业界举办的讲座，都从“穿透式”制度视角谈过内地与香港市场结构的异同。既然现在坊间不少人也对这课题感兴趣，我在这里补充一下我的具体看法。

问　一、A 股市场和香港等国际资本市场有什么重要区别?

最重要的区别之一，在于国际市场是由券商、交易所及不同类型机构投资者形成多层次的市场，而目前内地市场则是“扁平”“穿透式”的以散户为主的市场。

所谓“扁平”的市场，是指 A 股市场目前还可以说是散户主导的单元市场，交易金额约 90% 都是散户的交易。而在拥有多元、多层次架构的成熟市场，投资者的组成几乎是倒过来的：以香港市场为例，机构投资者占比大约是六七成，散户占比三成；在美国市场，机构投资者交易占比长期超过 70%。

所谓“穿透式”市场，则是指内地独有的“一户一码”制度。在这市场结构下，所有投资者（包括散户）的交易及结算户头都集中开在交易所、结算公司及托管公司的系统内，作为中间层的券商通常不像国际同行一样可以管理投资者的股票、钱财及保证金，投资者的财物都在集中的统一系统中托管。

从场内监管层面而言，这种市场结构容许监管当局一眼望穿底，每一户口在交易什么一目了然，参与者在股票账户和资金账户层面的违规操作空间有限，市场内藏污纳垢的空间不多，理论上这种账户制度在监管方面是直接高效的。反观在多层次的国际市场中，监管机构与交易所只有透过券商或大型机构才能查处终端投资者，对监管者而言可谓相对缺乏透明度。若单从这角度看，内地这一在独特的历史路径下形成的穿透式账户制度可算是对监管者“最透明”的场内市场。

问　二、为什么内地会形成“扁平”“穿透式”的市场结构？

检视国际成熟市场的发展历史，国际市场包括香港都是从下至上，分阶段长期发展起来的。投资者从富人开始起步，催化了中介机构（券商）的诞生。当时每个券商犹如一个小型交易所，各券商“跑马圈地”，为自己的客户互相买卖产品并提供配套服务。此后，券商集合成立交易所，二级市场机构逐步形成。在投资者方面，全球自20世纪70年代后，成熟市场中的大批中产阶级崛起，开始涌入资本市场，但尽管如此，直接进入市场的散户仍为少数，迅速发展起来的保险及退休基金等机构投资者成为券商的主要客户。在国际资本市场上，基本是上市公司、中介机构与机构投资者之间的三元博弈，鲜见散户直接入场。

内地的市场架构虽然最初亦是参照海外多层次市场经验，但我们不要忘记内地市场只有短短20多年的发展历史，证监会、交易所、券商及散户股民几乎是同时诞生、一起长大，其间券商们甚至可以说曾有一段被称为“野蛮生长”快速扩张的10年时期。急速成长期间难免出现“坏事”，例如券商挪用客户保证金炒作股票，庄家操纵股市，这令到内地监管机构痛下决心，清理整顿市场中介机构，即2004年起历时数年的券商综合治理，并因应散户对于政府的要求，建立了独特的市场监管和风险管理手段。在此次治理后，结果就是市场中间层被事实上“拿掉”，A股变成了现今的独特的、单元、扁平、穿透式市场。

问 三、因着市场结构不同，A股市场和国际市场的监管理念和手法有什么不同？

这两种市场结构反映了不同的监管理念和手法。在成熟资本市场，前提假设通常是市场参与者都是“好人”，有“坏人”出现欺负投资者时，或投资机构、中介机构违规时，监管机构便会事后执法，严肃处置，即监管逻辑是暴露出问题后，加强监管，事后改正。监管当局主要功能是一个“裁判员”，监管裁决“大人们”之间的博弈与游戏，不会倾向保护市场中任何一方的利益。

在这样的市场中，难免不时会出现一些“坏人”，比如2011年在美国宣告破产的明富环球（MF Global）便曾大规模挪用客户资金。再者，多层次的市场结构不容监管当局一眼望穿底，这也是美国监管机构当年未能及时发现大量有毒资产在中介机构层面积累的原因之一，最终导致雷曼倒闭、次贷危机，引发系统性的问题。然而，即便是经过2008年金融海啸之后，国际市场监管机构总结教训，也只是决定要全方位地监控金融机构的风险集中程度，保持资本充足率，加强场外市场监管，以确保金融机构更健康、市场更稳定，并未因此改动分层次的市场结构。

反观在内地市场，监管机构切身了解自身处于一个“新兴加转轨”的市场，新兴市场意味着市场参与各方的经验还需要积累，转轨则意味着内地市场是从计划经济体制起步转型而来，机构投资者的发展大大滞后于广大散户涌入市场的节奏，这就迫使内地的监管者不得不在制度上设有大量保护散户的措施，期望尽可能通过各种制度设计事先防范甚至争取取缔坏人坏事，特别是“以大欺小”，结果不免加入了太多“家长”情怀，改变了国际市场上常见的三元博弈平衡，使缺乏经验的散户投资者都产生较为强烈的依赖，缺乏防范投资风险的独立意识。

问 四、那么，“穿透式市场最安全”这话从何说起？

这话主要是针对内地独特的“穿透式”市场结构而言，由于个人投资者的钱、券、物均在系统中统一中央管控监测，许多被禁止行为都已事前在软、硬系统之中被限制，中介机构如券商几乎不再可能偷窃、占用或挪用客户资产，散户也不会轻易因疏忽承担过大违规犯法的风险。于是，至少在投资者的资金账户层面，中国的市场便难出现因大型机构倒闭而对投资者资产安全造成威胁。

不过话又说回来，在这市场中散户在账户层面的财产虽然是安全了，但随着机构在市场的参与度相对减少，大规模的市场风险却可能相应上升了。在国际市场中，客户的钱、财、物置于中介机构的托管下，中介机构有强大的客户资源激励它们去创新、去服务，根据不同客户群的风险取向合理配置投资及管理风险。在市场动荡中，这些机构以各自的专业优势、业务特点与理性判断博弈市场，不同机构观点各异，市场上不容易产生过强的单边效应。这情况就如纽约时代广场上每年等待除夕倒数的人群被警察用隔离带分片分区管理，他们之间虽可流动，但不能成批同时向一个方向快速乱窜，从而有助于防范“踩踏事件”发生。

相反，在扁平、穿透式的内地市场下，由于市场的主体是单元同质化的散户群体，对市场方向的判断缺乏机构的制衡力量，很容易导致强烈的羊群效应，容易形成单边市场趋向，在市场动荡时，拥挤踩踏的风险往往大增；这情况就犹如当人群在广场上都向着同一方向热舞，就有可能出现“踩踏事件”。

近年，内地大力发展基金业，在着手改变散户主导的投资者结构方面也取得了明显进展。然而，这些新晋的机构投资者特别是开放式基金的资金来源同样还是散户为主，因此基金的投资决策会受大量个人投资者因市场变化而进行份额申购、赎回的影响。同时，由于基金的力量不够大，在散户活跃占主导的市场中，出于业绩的考虑，基金的行为会出现趋同于散户而出现“散户化”。这些散户的投资习惯仍然影响着、甚至可以说是“挟持”着基金经理的投资理念。反观在成熟市场，基金投资者多为养老基金、保险资金等各种长线价值投资基金，在动荡时期他们往往成为稳定市场的力量。

问 五、为什么又说“扁平市场最民主”？

“民主”这词在此也许不是一个最恰当的比喻，但当天说的“最民主”指的是投资者参与市场价格形成的过程。在内地，股票投资是覆盖面最为广泛的金融投资管道，目前沪深股票账户已经超过2亿个。散户的订单通过券商信道直接放到市场上竞价，直接参与价格形成过程。在国际市场，参与市场价格形成过程的主要是机构投资者与大券商，他们经过专业、谨慎、理性的判断作出投资决策，由他们代表众多散户决定证券的市场价格。

换句话说，内地股市是世界股市中平民百姓参与最直接、最普及、普通大众最关注、对民生影响最深远且“万众皆股”的市场。正因如此，散户的需求遂成为监管政策制定的最重要驱动力量。在上市公司一级市场融资、大股东减持、涨跌停板、融资融券、期货市场门槛及证券资产托管等一系列制度的设计都是假设散户没有经验、需要保护、需要帮助。这些制度安排往往在牛市的形成与发展中很有效果，但在市场震荡时却容易扭曲市场功能，有时甚至会适得其反。

问 六、既然A股市场结构那么“透明”、“安全”与“扁平”，市场怎么还会出现这么大的震荡？

正如上所述，内地在特定的历史条件下形成的一个单元、扁平、完全穿透式的市场架构，优点很明显，但缺点也同样突出，就是缺乏多层次、多样化机构投资者的制衡与对冲。市场同质化往往容易形成单向追涨杀跌，在市场形成极大动荡。再者，恰恰是因为内地市场结构的高度透明与扁平，基于机构监管的不同分工体制，在场外配资活动所产生的巨大风险反而可能容易被忽视了。

从市场上目前已披露的信息可见，直接催生A股市场这次股市大幅波动的似乎是大规模场外程序化配资，这些场外配资具有一些鲜明特点：首先是规模巨大，来源充沛，但透明度有限；其次是扁平的互联网连接大大降低了股民获得配资的门槛与成本；最后，这些场外配资的杠杆率其实有不少已经大大超出了合理风险管控边际，而这些融资又没有如场内受到监管者监管的金融机构的两融业务（融资融券）般严格管控投资者的资格与限制。结果，当市场波动时，配资系统为管控自身资金风险而设的高度敏感程序交易启动，更扩大了市场的震荡。

对世界任何资本市场而言，场外程序化配资是一个完全陌生的“新鲜事物”，特别是在互联网金融发展模式具有海量小额特性的今天，它对这次股灾到底起了什么作用还有待进一步研究，但迄今市场对它已有两点共识：一是它基本落在了一个监管“盲区”；二是它加大了市场的震荡幅度。

问　七、既然内地与国际市场存在诸多不同，内地与香港市场还应该互联互通吗？

内地市场近期的动荡殃及港股，不少朋友因而对内地与香港市场互联互通计划产生怀疑，这很容易理解。不过，香港是完全开放的经济城市及国际金融中心，全球任何地方发生大事如美国息口变动以至欧债危机，香港市场都难免震荡，更何况是来自毗邻的内地市场？事实上，从 20 多年前 H 股来港上市起香港市场就已经与内地市场不可分割地联系在一起，今天的港股市场超过 60% 的市值与接近 70% 的股票交易量均为内地企业，其他上市公司的业务不少也与内地息息相关，大量来自内地的投资者也已在香港市场活跃多年，这意味着把香港屏蔽起来、与内地市场隔断并不现实。

再者，香港的开放以及港股通使更多国际与内地投资者来港，长远而言，这会令香港成为亚洲时段真正的世界金融之都。当然，任何事情都有成本与风险，我们要做的应是如何在把握机会之余、审慎管控好风险。面对挑战不逃避，这才是香港精神。

对于这次 A 股股市大幅波动的起因、救市的成效，以及对于未来市场发展的长远影响，内地的监管机构和市场人士相信必会有更深入、更精准、更全面的反思。可以肯定的是，内地资本市场双向开放与人民币国际化的发展路径不会因此逆转，内地市场和国际市场从监管到市场运作双向而行也是大势所趋。对于内地市场而言，A股市场的结构问题若得不到改善，其市场开放和国际化进程必然受阻，而若内地要改变过于同质化的投资者群体，则需要考虑引入多样化、风险收益偏好不同的投资者群。沪股通等互联互通计划便是其中一个重要“快捷方式”，能够说明A股引入境外成熟且多样化的机构和个人投资者，从金融安全和市场稳定角度实现安全可控的开放。

问 八、内地市场的动荡为香港市场带来什么启示？

对于香港而言，内地与国际资本市场结构现存的巨大差异，却也正凸显了香港市场独特的价值与优势。

就以近期股市大震荡为例，虽然香港没有内地市场硬件上的穿透与透明，但市场整体运作公平有序，市场信息保持灵通。这大概是由于香港市场身处国际资本前沿，曾受到多次金融危机的冲击，监管者、中介机构都各司其职，及早防范好风险。历练的监管者、专业的中介机构以至经历市场大幅波动洗礼的投资者对股灾及市场风险司空见惯，能够在市场动荡之中沉着应对、处变不惊。合规守法的文化深入香港市场人心，加上严谨的监管制度，香港市场过去多年即使在环球股灾中也不曾出现系统性市场危机。

这些优势令香港绝对胜任作为内地资本市场双向开放的桥头堡。当内地试点资本市场开放之时，香港作为世界最成熟的金融市场之一，不单可为内地提供国际资本市场运作方式的试验田，为国际投资者提供便利且低成本参与内地资本市场的机会，同时也可把香港金融市场的未来发展引领到新里程；除却巩固了当前香港股票市场的优势和提升流动性，更有助强化香港作为境外首选人民币离岸中心的地位，且同时促进香港建设其他资产类别的交易中心，继续推进互联互通计划完全符合香港发展的长远利益。

结语

香港金融市场过去的成长与内地的发展密不可分，内地资本市场开放及人民币国际化未来亦会为香港市场带来巨大机遇。今天A股市场面临着严峻考验，虽然在短期内凸显了香港市场的稳定性与相对优越性，但这不应是我们自我陶醉的时候，因为从长远来看，一个强大的、更国际化的内地市场才是保证香港长期繁荣稳定的基础，才能使香港在全球其他金融中心之中保持其相对优势。

今天的香港，恰恰处在内地市场改革开放、融入世界的大潮之核心，甚至是风口浪尖上。这就要求我们不仅对自己的市场充满信心，更要求我们精准理解和掌握内地和国际市场的精髓，尤其是两地市场的差异，这才能让我们充分认识包括香港等国际市场的优势与挑战何在。这样，我们的市场才可以保持灵活高效地与全球各种市场制度衔接自如，才能让我们更有智慧、有胆识、自信地去迎接市场未来发展的新挑战。

2015年7月16日

17

关于三板和新股通的初步设想

2016 年，我们开始实施新的三年战略规划。《战略规划 2016—2018》里提到很多新的设想，一些设想已经比较成熟，可以很快付诸实施，一些设想尚处初步酝酿阶段，需要向市场集思广益后进行完善。

不少朋友对我们提出的三板和新股通设想颇感兴趣，也有很多疑问。不少朋友很想知道这些设想的出发点是什么，必要性在哪里，有无实现之可能。今天，我想从一个市场运营者和参与者的视角，梳理一下我个人关于这些问题的思考，希望抛砖引玉、集思广益，与大家共同寻找前行之路。需要指出的是，这些问题的最终决策须监管机构广泛听取多方意见后统筹安排。

关于三板

股票上市业务是香港交易所的核心传统业务，也是香港作为国际金融中心的一大竞争优势。经过过去几十年的快速发展，香港市场已经凭借其质素和国际化程度跻身全球领先金融市场之列。但作为股票市场营运者和前线监管者，我们不敢也不应沉湎于过去的成绩，不断提高市场质素和竞争力是我们义不容辞的责任，我们时常在思考：香港的市场有哪些需要改进的地方，一个最理想的上市市场应该是怎样的？

在我看来，一个最理想的市场，应该让好公司很容易上市融资，也能迅速把烂公司清理出局，这样才能优胜劣汰，吐故纳新，维持市场质素，有效发挥股票市场资源分配的功能。

那么问题来了，怎么能让一个市场好公司多而烂公司少呢？相信很多人会说，提高准入门槛啊，要么将客观财务运营指标大幅提高，要么实行更严格的实质审核。

提高准入门槛的方法确实有助于挡住部分坏公司，也肯定会把一部分潜在的好公司关在门外。但是，再严格的上市标准也无法保证上市时的好公司在上市后不会变成坏公司，更无法阻止这些坏公司利用各种财技满足上市交易的标准成为受人诟病的“老千股”或“僵尸股”，事实上，近期出现的一些“问题股”在当年上市时也是完全符合上市标准的。因此，单靠提高准入标准无法防范坏公司。如果仅盯住上市门槛或寄望上市审查而不加强退市机制，就容易产生有些好公司进不来、不少坏公司出不去的现象。

对于清除烂公司更加有效的方法应该是加强上市后监管，加大执法力度，特别是强化退市机制，防止大家所谓的“僵尸公司”或“壳公司”长期滞留市场、浪费资源、拖累市场信誉。一旦拥有了有效的退市机制和充分的投资者保护措施，反而可以制定更加宽松的准入门槛，让更多有潜力、有活力的创业型公司有机会准入我们的市场。也就是说，一个理想市场的“进”“出”机制必须匹配，宽松的“准入”机制必须配备严格的“退出”机制。

毋庸讳言，今天的市场还没有达到这种理想状态，尽管大部分在港上市的公司都很优秀，但我们的市场也存在一些问题，比如一些新兴的好公司还不能来上市，同时一些问题公司仍然滞留市场。那么，我们应该如何改革才能够迈向理想的方向呢？

仅从分析的角度而言，改革的方式似乎有两种：一种是直接改革现有市场尤其是创业板，全面修订《上市规则》，进一步放松准入门槛，引入更有活力的新兴公司，同时从严制定和执行上市后的监管和退市标准。这样的改革最直接、最有效，但是它势必会影响大量既得利益（现有“壳股”生态圈中的参与者与投资者的利益）。在香港这样一个注重程序公义和私人产权保护的法治社会，这样有争议的改革必须在咨询公众后取得广泛市场共识的前提下才能启动。因此，这样的改革是一项系统性工程，牵一发而动全身，需要勇气与智慧，也可能需要较长时间才能实施。香港市场此前的历史教训告诉我们，推行这样的大改革不可不考虑其可能带来的市场冲击。

如果存量改革短期难见成效，另一个可能就是做增量改革，比如新设一个市场（三板），然后用新市场的新气象来带动和倒逼现有市场（主板和创业板）改革，这才是三板市场的由来。在三板这个全新的市场板块上，监管者可以考虑全新的上市规则：一方面设立比较宽松的准入门槛，不把潜在的好公司关在门外；另一方面强化投资者保护措施和退市标准，加快烂公司强制退市过程。如果担心这样的新板对于投资者来说风险太大，也可以在成立初期为这个三板设立一定的投资者适当性门槛，先允许一些风险承受力较强的专业投资者自愿准入。等到这个新的板块发展到一定阶段，股票市场优胜劣汰的投资文化已经深入人心，这个新板块的新气象就可以起到示范作用，带动存量市场的改革。

之所以想到三板这样的概念，就是因为这是一个全新的市场，不存在既得利益，启动的阻力可能会较小，短期内可能比较容易见效，且对现有市场应该不会有很大的冲击。创业板可以与三板并行营运，逐步改革提升。总而言之，三板只是一个存量改革无法启动情况下的一个潜在备选方案，具体细节还有待研究。这个设想总的原则是易进易出，欢迎好公司、清走烂公司。

存量改革与增量改革两种方式各有利弊，需要大家以开放的态度、创新的思维，鼓起勇气去开拓。要么我们改革现有市场，一劳永逸地解决问题；要么我们尽早在新增市场启动改革，以时间换空间，闯出一片新天地。究竟应该选择哪一种方式进行改革？或者说，在什么样的时机才可以进行哪一种改革？这些问题关系到香港市场的长期竞争力和发展，非常值得市场各界深入探讨，在监管机构的统筹下尽快做出抉择。我最不希望看到的是回避这些问题不作为，那样不仅会令我们的市场停滞不前，甚至很可能令我们的市场陷入“想要的好公司来不了、不想要的烂公司送不走”的尴尬境地。

关于新股通

新股通是我们正在研究的一种沪港通延伸方式，就是将现有的股票通模式从二级市场延伸到一级市场，让两地市场的投资者都可以在未来申购对方市场发行的新股（包括 IPO 和新股增发），具体可以分为“内投外”（允许内地投资者认购香港新股）和“外投内”（允许国际投资者从香港认购内地新股）。

如果得以实现，新股通将为两地市场创造巨大的共赢。对于香港而言，新股通的“内投外”可以丰富香港市场的流量，吸引海外名企大规模来港上市；对内地来说，“内投外”可使内地投资者能在沪港通体系下广泛投资大型国际公司，实现中国国民财富的全球权益配置。前一阶段内地金融市场流行一个词，叫作“资产荒”，描述的是投资者有大量的资产配置的需求，但是找不到优质的资产。“内投外”可以帮助内地投资者解决这个“资产荒”的问题。反过来看，“外投内”对香港而言，将进一步提升香港作为国际投资者投资中国内地资产首选通道的竞争力。对于内地而言，“外投内”则可以帮助内地公司引入更多国际机构投资者，改善投资者结构，完善新股发行定价机制。

有不少朋友问我，香港与内地实行完全不同的上市审核机制，要实现新股通是否面临很大的监管障碍，真有实现的可能吗？在我看来，无论一件事情多难多复杂，只要能为双方创造共赢，就有实现的可能，就值得我们用积极开放的心态去探索。让我们来分析一下新股通在两地监管问题上可能有什么样的问题需要解决。

新股通的“内投外”即允许内地投资者购买香港新股，这在香港应该不存在法律障碍，但需要中国证监会的许可。我认为这并不是不可逾越的监管障碍。目前的沪港通监管规则中已经包含了香港已上市公司对内地投资者增发新股的条款，其实认购公司增发的股票和首次上市发行的股票并没有本质区别，如果未来内地监管机构能够再向前一步，将股票通模式从允许认购增发新股更新到允许认购 IPO 新股，新股通的南向之旅就畅通了。

当然，我们的合作伙伴上海证券交易所与深圳证券交易所也都有着自己的国际板梦想，希望吸引国际公司直接在内地上市。如果这一愿景能在中短期内实现，我们提出的新股通“内投外”就不一定特别受内地交易所的欢迎，没有内地监管机构和内地交易所的支持，新股通“内投外”就不可能实现。但如果内地国际板这一愿景在中短期内不容易实现，我们提出的基于沪港通模式的新股通就可以为内地提供一种新的“国际板”路径，如同现有的沪港通模式一样，新股通可以实行监管合作、执法互助和交易所利益共享，充分体现互惠共赢的合作原则。一个完善的资本市场肩负着双重使命，一大使命是为上市公司提供便捷的融资渠道，另一大使命则是为投资者提供丰富多元的投资机会。新股通“内投外”的可以利用香港独特的制度优势帮助中国国民财富实现有效、安全的全球权益配置，我认为应值得内地监管者通盘考虑。

而新股通的“外投内”（允许香港投资者和国际投资者认购内地新股）在内地并无法律障碍，因为这些公司在内地上市、受内地监管，在香港如果仅对专业投资者开放也无重大监管顾虑。内地一直希望吸引海外机构投资者，允许国际投资者认购 A 股市场的新股符合内地资本市场对外开放的大方向。香港目前的监管法规允许在香港以外市场上市的公司向香港的专业投资者发售新股，只是出于投资者保护的考虑不允许它们在香港对普通散户定向发售。因此，如果新股通“外投内”仅对专业投资者开放，相信香港监管机构的顾虑会比较低。如果新股通的“外投内”要对香港的散户投资者开放，必须在香港的监管法规调整后才能实现。

当然，新股通还只是我们提出的一个初步设想，具体怎么操作还有待我们在两地监管机构指引下深入沟通和探讨。

总而言之，我们乐于倾听市场的声音，欢迎各界朋友就三板和新股通畅所欲言，与我们一起在监管机构的领导下促进香港资本市场的健康发展。

为了让大家更容易地理解新股通，请参阅表 17-1。

表 17-1　　　　　新股通概述

新股通	香港监管	内地监管
“内投外” （内地投资者认购香港新股）	公司在香港上市，受香港证监会监管，无香港法律障碍	需中国证监会许可。但已有配股先例，有可能找到共赢方案
“外投内” （香港投资者和国际投资者认购内地新股）	无监管顾虑，若： • 只允许对专业机构投资者开放 • 暂不允许对香港散户开放	公司在内地上市，受内地法规规管，因此无大的法律障碍

2016 年 3 月 2 日

18

关于“老千股”

近期，港股通的交易量持续放大，内地投资者对港股市场的投资热情和关注度也越来越高。在大家对于港股市场价值的热烈讨论中，我也听到了一些关于“老千股”的申诉（在这里，老千股主要是指大股东不以做好上市公司业务来盈利，而主要通过玩弄财技和配股、供股与合股等融资方式损害小股东利益）。到底什么是老千股、谁是老千股、怎么管制老千股，可能涉及很多技术及规则执行细节，不是一两篇文章能够讲得清楚的。我今天只想换一个角度来谈谈我对这问题的看法。

问　一、在资本市场，我们都希望好人很多、坏人很少，好人做事很容易、坏人做事特别难。那到底谁是好人、谁是坏人呢？

关于这个问题，1 000 个人可能会有 1 000 个不同的答案。而对于监管机构来说，这个问题其实很简单：遵守规则的人就是好人，违反规则的人就是坏人。除此标准外，监管机构既不能有自己的感情好恶，也不能施加自己的价值判断，唯一用来判别坏人的标准就是规则。在香港的法制框架内，即便是坏人，也需经过公义的程序才能被定罪，但这往往需要时间。

问 二、既然知道有坏人会干坏事，为什么不采取有效的措施事前防范，事后惩罚岂不是亡羊补牢?

财务造假、内幕交易、操纵市场等是全球各大市场监管机构都严厉打击的行为，对于干这些坏事的人，大家都是深恶痛绝的。如果能够事先看出谁是坏人，相信没有一家监管机构不愿意挺身而出，不过遗憾的是，监管机构并没有孙悟空的火眼金睛，无法事先一眼识别出谁是好人谁是妖孽。

于是，对于如何防止坏人干坏事，不同市场采取了不同的监管哲学。一种监管哲学是假定所有人都有作恶的动机与可能，对各种融资行为都采取严苛的审批制度，通过事前盘查来筛除坏人；另一种监管哲学是假定绝大多数人都是遵纪守法的好人、从事正常的市场交易，监管者尽量不干涉市场自由，主要通过事中监察和事后追责来惩罚坏人。

前者的好处是可以将不少坏事扼杀在摇篮中，让坏人无法作恶。对于一个散户为主的市场来说，这样的监管理念可能是不二的选择。而对于一个机构投资者占主导地位的市场，现实情况是，再严厉的事前审查也无法完全杜绝所有违规（除非关闭整个市场），而过于严苛的审批必然会妨碍好人的自由、影响正常的市场活动；而且，如果审查过程中赋予监管者过多的自由裁决空间，容易滋生腐败与寻租。

香港市场采取的后一种监管哲学，其好处是保障了好人的自由，提高了资本市场的效率，当然代价是不能把坏人在事件未发生前或立刻就挡在门外。这样的监管哲学不是推卸管制的责任，而是说管坏人的着眼点主要是强制披露责任、确保股东审批程序和加强事后违规检控，通过惩罚震慑违规。当然这样的监管理念会与香港市场以机构投资者为主的这一市场结构息息相关。

在监管层面上，香港证监会和香港交易所分别肩负不同的职责。作为上市公司的前线监管机构，香港交易所根据《上市规则》监管上市公司和董事的合规情况（例如是否及时进行信息披露、是否按规定召开股东大会等），但尽量不干预上市公司股东的决策自由，且无权监管投资者行为。

香港证监会作为独立的法定机构，根据《证券及期货条例》全面监管整个市场，因此，有关收购、股份回购及私有化等上市公司事宜和内幕交易、操纵市场等违法行为，由于可能涉及投资者的行为，均由证监会负责事中监管和事后检控。

问　三、为什么香港允许公司那么容易地配股、供股、送股与合股?

在我看来，所有这些再融资制度都是市场的中性工具，允许它们的初衷当然是为了帮助好公司更容易、更方便、成本更低、效率更高地融资与发展，这也是许多内地企业选择来香港上市的一大主要原因。

再融资制度可为有经营困难的公司解困，当然拯救失败会给参与融资的股东带来损失；与此同时，也有一些坏人会利用这些融资手段直接侵害小股东利益。就像厨房里的菜刀一样，好人用它是为了用来切菜切肉，但也难免有一些坏人会拿它来杀人或抢劫。不过，如果因为有几个坏人拿菜刀杀了人，我们就把所有的菜刀都收起来，肯定会给大家做饭带来极大的不便。因此，如何在不影响大众生活的前提下有效降低有人拿菜刀行凶的威胁，是香港监管者不断努力寻求的平衡，而最重要的监管责任应落在事后强而有力的追责以阻吓其他潜在坏人。

问 四、既然香港市场的监管不能把坏人事先挡在门外，普通散户投资者（尤其是缺乏投资经验的内地投资者）该如何保护自己，躲避老千股？

投资者首先必须严肃对待自己的投资责任，既然你是自己投资盈利或损失的最终承受者，你就应该是这笔投资安全性的第一责任人。一定要买自己了解的股票，不要轻信小道消息，远离诱惑。如果真的不熟悉市场，那就去人多、亮堂的地方，那里坏人较难藏身。坏人大多喜欢躲在偏街小巷人少的角落，资本市场上也是一样。因此，缺乏经验、人生地不熟的散户投资者应该尽量走宽敞亮堂的大道，投资那些人人皆知、往绩良好、信息披露充分透明、风险较低的公司。胆大勇猛或者想以小博大的投资者如果选择走偏街小巷，那就一定也要格外小心，提高风险意识。

其实，尽管香港的再融资机制灵活方便，但大股东使用时都必须严格按照《上市规则》召开股东大会得到股东授权或同意。很多情况下，只有得到小股东单独同意后才可发行。上市公司就再融资计划发通告到股东大会中间往往都有相当一段规定的股东通知期。因此，选择投资这些公司的投资者一定要仔细跟踪公司公告，及时了解公司的再融资计划，积极参与股东大会投票，并时刻检查投资，及时做出适当投资决定。

总而言之,要想避开老千股,尽量走大道,避免串小巷,提高警惕,谨慎决策。出事后再喊警察，往往为时已晚，再好的警察，也无法替你的损失买单。

正是考虑到了内地投资者可能对于香港市场规则了解不足，两地监管机构在划定港股通的合资格股票范围时采取了循序渐进的原则，沪港通先选择了一些市值大、流动性好的股票作为试点，然后才在深港通中加入了市值较大的中小盘股，并继续保持了投资者准入门槛。初次出海投资的内地投资者如同初学游泳的人，应该先去浅水区练习，然后才去深海遨游。

2016 年 9 月 11 日

19

浅谈香港证券市场的监管分工

自我加入香港交易所工作以来，经常有朋友问我香港交易所和香港证监会的监管分工到底有何不同。最近，香港证监会加强执法力度、早期介入一些上市申请的审批，再次引发不少传媒朋友的关注和查询。

梳理下来，大家似乎主要关心以下两个问题：

（1）香港证监会早期介入上市审批，是不是意味着香港交易所上市监管体制失灵或工作不力？

（2）香港证监会与香港交易所若“并行审批”，会不会让市场受到重叠监管而感到无所适从呢？

对于从事金融行业的朋友而言，相关法规和条例已经对香港交易所和香港证监会的分工和定位有详尽的解释，自然无须我再累述。但对于一些圈外的朋友而言，要弄明白我们的分工有何差异也许并不容易，在此，我想用一个虚拟城市的交通警察与刑警的互动来打个比方，方便大家对这个问题有一个不一定完全准确，但简单明了的理解。

在这个虚拟城市中，交通警察与刑警共同的目标是维护社会治安、保障人民安全。但在达成这一共同目标的过程之中，他们的任务和使用的工具存在一定的差异。香港证监会的角色就像是这个虚拟城市中的刑警，而香港交易所的角色则更像是交警。

交警的首要任务是维护交通秩序、保持道路顺畅与安全。他们的日常工作包括组织驾照考试 / 发放运营执照（类似上市审批）、安排车辆安全与排放年检（类似上市后的合规监管）、建设与运营交通指示和监控系统（类似市场监察）、拦截和处罚违例驾驶人员或违例营运车辆。对于违例者，交警可处以警告、扣分直至吊销驾照或执照的一系列惩罚，其权力来源于交通管理条例，就好比香港交易所的监管权力来源于《上市规则》。总的来说，交警只有民事执行权，一般不具备直接刑事执行权。

刑警的主要任务是维护社会的整体治安，他们的日常工作包括跟踪监察、搜查取证、拘捕和审查疑犯、提交刑事检控等。简而言之，他们的主要工作重点是抓坏人，惩治犯罪。交警负责的交通安全领域只是刑警工作的一个组成部分，刑警的任务也包括监督交警的工作，在特殊情况下，也可直接干预交警的个案处理，包括牌照许可及发放。刑警的权力来源是刑法，就如同香港证监会的权力来源于《证券及期货条例》。

那我们来分析一下大家可能关心的问题。

问 一、刑警开始介入一些交警的工作是不是意味着交警办事不力或交通管制的条例失灵？

如前所述，交警与刑警的任务、职责、工作重点是不同的。与其肩负的不同任务相对应，交警与刑警配备的工具也不同。交警仅配备哨子、指挥棒、酒精探测器和路障设置等，一般不配枪。在日常交通管制上，这些工具是有效的，但碰到重大案件时没有什么威慑力。而刑警则配备各类枪支等多种大火力武器，必要时还可以进行搜查与拘捕。这些武器可威慑罪犯，并非为管理普通民众而配备的。

同样的道理，交警与刑警在执勤中的侧重点也有所不同。交警执勤的侧重点是交通的安全与顺畅，虽然必须惩罚违规驾驶或运营，但一般不会为了个别闯红灯或超速行为而在高峰时刻或路段轻易追车拦截，造成大面积交通堵塞。而刑警处理的多是大案要案，如果不能尽快将罪犯抓获，往往会对公众和社会治安造成严重危害，这种时候该封路就得封路，该追车就得追车，不能放纵违法犯罪。因此，刑警的执法如果给普通民众带来一些不方便，大家一般也都可以理解。交警与刑警的有效配合与合作，可以使警力资源效益最大化：交警在维护交通顺畅的前提下，不能忽视追究违规行为的责任；刑警在抓坏人的同时也应尽量减少给大众出行带来的不便。

问 二、更严格的警力实施是不是可以减少或者杜绝违规与犯罪?

是，但又不是。

交警加紧巡逻确实有助于发现和减少违规行为。如果交警在巡逻中发现一些违例行为有上升趋势，自然应该通过增加巡逻、抽查和设立更多超速限制或禁止停车区域的方法来加强执法。为了严惩违例和犯罪，交警还应该及时将更多案例移交刑警处理。

但是，交警可以通过收紧事前审批或发牌（类似上市审批）禁止所有“坏人”上路吗？这恐怕非常困难。

大家试想一下，如果这些人考驾照的时候还没有暴露出坏人的“潜质”，而且已经成功地通过了所有路考，交警就必须依法发放牌照。当然，如果交警发现了某一类型的司机在路上违例的趋势偏高，也可以考虑有针对性地修改考试内容或通过标准，更有效地把一些潜在的“坏司机”拦在门外。但即使如此，也不可能保证把所有的坏人都挡在外面。而且，驾驶考试内容或通过标准的改变不能轻易做出，做之前应该咨询社会，以免影响到大多数的好人。与此同时，已拿到执照的人也不会因为标准变了而需要重新申请。一个法治社会不能追溯性地去用新法追究旧事。

在这里，交警与刑警在执法权限上有比较大的区别。交通管理规则一般很详尽，驾驶考试内容、发牌门槛 / 程序、违规处罚标准等方面都有清晰具体的指引。交警的裁决权限很小，不能凭主观判断或价值标准来随意决策，否则会出现不公平、不一致的情况，甚至导致寻租腐败。

相对于交警，刑警的执法权力主要来源于刑法。保障公共利益与公众安全是刑警执法的最高原则。刑警拥有更高的执法力度和空间。比如，一个人已经通过了交警的笔试和路考，但如果刑警有充分理由相信这个人上路会影响公众利益，刑警可以命令交警拒发驾照。再比如，一个司机接受酒精测试时未超标，也没有违反其他交通规则，交警一般只能放行，即使交警认为这个司机可疑，也很难随意拘留他，因为交通法规没有赋予交警这样的执法权限。在这种情况下，交警应该将情况上报给刑警，只要刑警有充分理由，例如怀疑此人可能危害公众利益，就可以讯问甚至拘留这个司机。总之，加强警力和执法能够威慑一部分坏人，让他们不敢上路。

问 三、公众应该如何理解与面对交警与刑警的“并行监管”呢？

要回答这个问题，我们首先必须认识到交警与刑警权力之间的重大区别。交警的权力只能在一个有限的小尺子（类似于《上市规则》）下运作，他的工具是小哨子加小警棍；而刑警的权力则来源于一个大尺子（类似于《证券及期货条例》），他的工具是大警笛和大头枪。鉴于这样的不对等关系，刑警有权随时随地干预交警的工作，也可以直接越过交警执法。

当然，为便于公众适应和接受，并基于有效运用警力资源的考虑，交警与刑警达成了一定的默契与理解；在常态的交通管制上，交警用小尺子、小哨子、小警棍在前线监管，刑警拿着大尺子、大警笛、大头枪在二线督战，有权随时干预和督导。在这种理解下，刑警不会随便响着警笛在大街上亮枪，也不会越俎代庖拿去交警的小哨子、小警棍直接指挥交通。这种分工安排明确，各有侧重点，也便于公众清晰理解。

具体到驾照发放上（类似于上市审批），交警和刑警也有较清晰的分工。交警负责笔试[类似于资格审查（eligibility test）]和路考[类似于合适性审查（suitability test）]，而刑警则负责更严厉有关公众利益的背景复查。一般而言，笔试与路考在先，背景调查在后。当然，刑警有权随时随地干预笔试与路考，也可以“前置性”地开展深度背景调查，直接在笔试或路考前截查考生，甚至不允许考生进一步参加考试，但刑警不会也不应直接进入考场监考笔试或路考，也不会逼考生在交警处考完后再到刑警的考场再考一遍。

必须指出的是，刑法的地位远高于一般交通管理条例，因此，如果刑警认为路况恶化严重，需要临时改变与交警的执法分工和安排，刑警根据法律有更广泛的执法权力，他们完全有权做出改变，甚至直接代替交警上路执法,或直接进入考场监考。但无论如何改变，刑警和交警的通力合作都十分重要，并应与公众充分沟通，否则容易引起公众困扰。

用交警与刑警的比喻来形容香港交易所与香港证监会的关系并不一定完全准确，但我希望用这样浅白的描述为大家了解我们的不同分工提供一个新视角。

回到香港现实的今天，我想补充一点，香港交易所虽然是一家上市公司，但不是普通的商业机构，《证券及期货条例》规定，香港交易所必须将公众利益放在商业利益之上，为保证落实这一原则，香港交易所一半的非执行董事（包括董事会主席）必须由特区政府任命，行政总裁的任命也必须得到香港证监会的批准。而且，从商业角度看，上市公司的质素关系到香港交易所的最大利益，只有优秀的上市公司越来越多，才能吸引更多投资者，为交易所带来更多的交易量。作为市场的营运者，香港交易所没有理由放松上市审批，为了一点蝇头小利损害香港市场的长期利益。

此外，尽管目前市场上出现了一些低素质的上市公司，对香港市场的声誉造成了不良影响，但它们无论在数量、市值还是交易量上，都只占整个市场的极小部分。俗话说，林子大了，什么鸟都会有。我们在努力持续改进上市公司质素的同时，也应客观和理性地看待市场上出现的一些问题，避免非理性夸大负面影响、以偏概全。

简而言之，在市场发展与严格监管之间，永远需要保持一定的合理平衡。这是非常考验监管者智慧和勇气的永恒难题，我们日常工作的很大一部分，正是思考和学习如何解答这道难题，尽管永远找不到完美的答案，但是希望能够在大家的帮助下，不断完善我们的监管工作，争取交出一份令人满意的答卷。

2017 年 7 月 23 日

20

关于完善香港上市机制的一些思考

2017 年 6 月，香港交易所就完善香港上市机制刊发了两份建议方案，征求公众意见。

这次的咨询，特别是有关创新板的设立引发了市场的热议，不少朋友都在不同场合提出了不少中肯的意见。在此，我想与大家分享一下近期朋友们与我们讨论得比较多的几个问题及其所带来的思考，并进一步阐释我们建议的初衷，希望抛砖引玉，集思广益，以下所写绝非香港交易所就这次咨询的既定立场或结论。

问 一、设立创新板可能是香港上市制度近 20 年来最大的改动，如此大动干戈到底为什么？

答案其实很简单。香港作为一个国际金融中心，必须要“Know Your Client”，即“认识你的客户”或知道谁是你的客户。二十多年前，通过 H 股的引入，我们有了两个客户：中国内地的货主（上市公司）与世界的钱主（投资者）；通过互联互通，今后 20 年我们又要增加两个新客户：中国内地的钱主与世界的货主。在世界主要金融市场中，真正有可能拥有 4 个客户（中国内地货主和钱主 / 世界钱主和货主）的国际金融中心也只有香港。拥有 4 个客户的香港就可以保证另一个 20 年的繁荣吗？还不够。

今天的世界（包括中国内地）都在向新经济、新科技大步迈进。我们身处一个创新频现、创业家精神爆发的大时代，几乎每一天，都有新经济公司涌现，在改变人类生活的同时，它们也创造了激动人心的投资机会。只有能够聚集新经济上市公司和懂得新经济投资者的国际金融市场，才有可能在新时代占据新的领导地位。但是，香港目前的市场制度还只能聚集传统的货主与传统的钱主。新经济和新科技对我们目前市场制度的适应性提出了直接的挑战，但也为我们改善市场结构、提升国际竞争力提供了天赐良机。

如果把市场发展看成是一场 400 米的接力赛，香港市场由于存在发行人来源地过于集中、传统行业占比过高的结构性问题，可以说，我们在第一棒上并没有领先，但幸运的是，还没到不可逆转的地步。只要奋起直追，跑好第二、第三棒，我们仍有希望赢在第四棒。不要忘了，香港是唯一真正有可能拥有中国内地货主和钱主及世界钱主和货主的国际金融中心。

问　二、当年设立创业板（GEM）也是基于类似的初衷，但推出后并不成功，你凭什么认为创新板就能成功呢?

创业板成功与否，仁者见仁、智者见智。但即便结论是不成功的又如何？难道说一次失败，就永远失败?失败是成功之母，我们不能因为过去的一次尝试失败就放弃所有的尝试。如果尝试的话，我们至少有成功的可能性。如果试都不试的话,我们永远不可能成功。同时，这一次我们希望在推出创新板的同时，也能对创业板同步进行改良，有利于提升创业板的素质。

问　三、香港没有科技创新发展的历史，没有培育科技企业的强大生态系统，创新板能成功吗?

如前所述，在发展新经济领域，香港在接力赛的第一棒并没有领先，但由于香港的独特定位，我们绝对有跑赢的基础条件。在港上市的企业中，已经有具有全球领导地位的新经济巨人，我们没有理由悲观，我们必须奋起直追。

也正因此，我们计划在 2018 年推出一个全新的平台：香港交易所私募市场（HKEX Private Market）。它将使用区块链技术为早期创业公司及其投资者提供一个股票登记、转让和信息披露的共享服务平台。它将是一个不受《证券及期货条例》监管的场外市场，作为创业企业的孵化器，为这些企业及其投资者进入资本市场提供“学前培训”。相信这个平台将有助于香港创造支持新经济发展的生态环境。

问 四、到底什么公司算新经济公司？你们怎么判断一个公司到底是不是新经济公司？

定义新经济公司的一个基本原则是看这家公司的主要发展驱动力是不是创新（包括技术创新与商业模式创新等），也就是看驱动公司发展的是传统意义上的有形资本（资金、固定资产），还是新时代的无形资产（专利、技术、模式创新等），更通俗地说，看一个公司的发展主要是靠钱（资本）还是靠人（创造力）。新经济公司可能来自生物技术、医疗保健技术、信息技术服务、软件、电子商务等新兴轻资产行业，也可能源于传统行业的商业模式的创新。而且，新经济公司的定义可能会随时间演变，因此，我们在建议文件中征询市场意见，希望能为新经济公司作出原则性的定义。

我相信，根据大家讨论之后确定的原则性定义，应该能够对大部分的拟上市公司作出准确判断，对于少数公司的判断可能会存在分歧，需要进一步辨析。这就跟上市审批中的合适性审查一样，大部分个案比较容易达成共识，但有小部分个案存在众说纷纭的空间。与合适性审查不同的是，新经济并不是某个公司能否上市的决定因素，只是决定这个公司是否应在创新板上市的因素。在香港现有的《上市规则》中，很多规则都是按原则性定义来判断的。尽管原则性定义可能会带来一些主观判断的空间，甚至存在误判的可能性，但我们应该敢于尝试、允许试错，唯有如此，我们才能不断学习、不断进步。不能因为担心有犯错的可能，就畏首畏尾、裹足不前。

问　五、何不只接受已经在美国上市的不同投票权架构公司来香港做第二上市，这样上市机制的改动要小得多，也容易得多?

在咨询文件中，建议设立的创新主板会允许已经在美国上市的不同投票权架构公司来香港做第二上市。但是，我们没有理由仅仅容许已在美国上市的不同投票权公司来港上市；这样的安排既不合理，更不自信。事实上，过去多年的发展已经证明我们的市场机制是行之有效的，我们应该对香港自己的上市审批能力有自信，而不是依赖美国监管机构的审批作背书。无论是H股20年前来港，还是今天的互联互通，我们香港都是第一个吃螃蟹的人，今天怎么能说只有别人吃过的螃蟹我们才敢吃呢?

问　六、为什么不直接改革主板来容许采用不同投票权架构的公司来港上市?

直接改革主板绝对是可以考虑的方案之一，但我们为什么会建议在主板之外另起炉灶设立一个创新板呢? 众所周知，主板是香港市场的主体板块，《上市规则》和监管条例详尽繁多，许多规则根据多年的实践约定俗成,如果要对主板《上市规则》进行如此大的改革，势必需要进行更加深度的市场咨询和讨论，也势必引发更多市场争议。

打个通俗的比喻，假设我们一个大家庭住在一个传统的大房子里，孩子们长大了，希望对我们的传统厨房更新改造，加入新一代的智慧厨电。但要在现有的厨房中更新换代，必然会大费周章，水电气一并改造，工程浩大，会给住在房子里的人带来很多不便。所以我们建议了另外一个装修方案，在主厨房边上加建一个新厨房，这样在建设过程中不仅不会影响家人使用主厨房做饭，而且，一旦新厨房建好后，两个厨房同时投入使用，还可以解决全家众口难调的问题，在条件成熟、大家有共识时，随时还可以考虑把两个厨房之间的墙拆掉，打通两个厨房，合二为一。

总之，我们提出设立创新板建议的初衷是为了在给市场引入活力的同时尽量减少对主板市场的影响。当然，我们对所有的改革方案都持开放态度，希望大家集思广益，能够讨论出完善上市机制的最佳方案。

问 七、既然创新初板是高风险板块，为什么还采用低门槛、轻审查上市条件呢？这不是违反常理吗？创新初板将来会不会演变成一个充斥着“壳股”的市场呢？

这个问题听起来很有道理。所有人都希望监管者让好公司很容易就能上市，同时用高门槛和严格的审查把坏公司挡在门外，然后让所有投资者都能参与投资好公司。大家必须认识到，这样的理想既不现实，更不可持续。我们今天在创业板上经历的不少挑战均来自这样不切实际的管理理念。公司上市时与其说有好坏之分，不如说有高风险和低风险之分。尤其是新兴公司，它们中间只有少数可以成为“金凤凰”，很多都会失败，没人能事先准确地看出哪一只是“金凤凰”。我们要想参与“金凤凰”的成功，就得让所有有潜力化身凤凰的公司容易上市，也要有接受失败的准备。

之所以建议创新初板采用相对宽松的上市条件及监管机制，是因为这些“准凤凰”尚处于初创阶段，它们没有资源聘请昂贵的中介机构来通过严格的上市审批和合规要求。如果对它们设定十分严格的上市门槛，它们就上市无望。但这些公司的性质，决定了它们的股票投资风险较高，所以我们初步建议仅开放给专业投资者。

创新初板会变成一个“壳股”市场吗？答案是不会。首先，正因为上市相对容易，上市地位本身就不会变成有价值的“壳”供买卖或操纵。同时，如果大家同意推出创新板，我们也应该考虑在后续的规则细化中设计更严格的持续合规责任（包括维持最低市值、最低成交量等），容易进，也容易退，不达标者将被强制退市，创新板初板绝不会沦为一些朋友所担心的只进不出的“僵尸股”市场。

问 八、只允许专业投资者参与可能飞出“金凤凰”的创新初板对于广大散户公平吗？

回答这个问题并不容易，核心是如何平衡散户参与投资的权利与其承受风险的能力，全球各大市场的监管选择并不相同。在高度发达和成熟的美国市场，基本原则是只要披露充分，投资者（不区分机构与散户）可以自由选择，买者自负，监管者不为散户设定更多的保护措施。而以散户为主的内地市场则以保护“弱势群体”的原则对上市公司上市设置了严格的门槛和审核标准。香港既是高度发达的国际市场，也有很强的中国特色，必须找到最佳的平衡。这次在创新初板的设计中也是如此。

我们要思考的问题是：我们的市场愿意接受哪种程度的投资风险？纵观创新板咨询文件的建议，其实如同图 20-1 中的这条光谱，提供了具有不同风险、上市条件和监管标准的多种板块供大家讨论：在这条“光谱”最左端的是香港交易所计划于2018年初推出的私募市场，是一个不受《证券及期货条例》监管的场外市场，风险最高；中间的是轻度监管的创新初板，最右端的是与主板一样监管要求的创新主板，对应最高的上市门槛和最严格的监管要求，还有较低的投资风险。

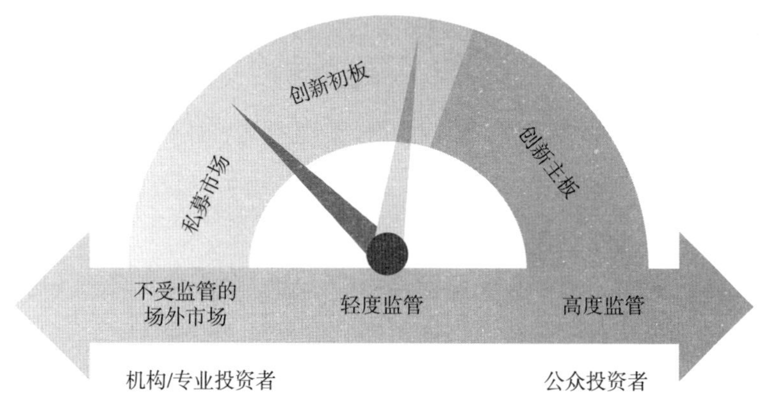

图20-1　不同风险，上市条件和监管标准的多种板块

大家可以看到，越往光谱的左边走，融资门槛越低，投资风险越高。最左端的私募市场提供非证券监管下的股权私募功能，在这里每100家公司里可能只成就几家伟大的公司，大部分的企业都有可能以失败而告终。这样的高风险肯定让我们感到不安，因此，创新初板的门槛必须右移，但到底移到何处更合适，主要取决于大家有没有信心让散户参与。如果创新初板不让散户参与，就可以尽量往左移，如果让散户参与，就必须尽量向右移。

光谱上的每一个区间都有不同的利弊，咨询文件中的建议只是一个讨论的起点，具体如何选择需要广泛听取市场的意见，方能找到最有利于香港市场发展、最能保持香港国际竞争力的方案。

以上只是最近一些朋友们常与我讨论的问题，我相信大家可能还会有其他一些问题，囿于篇幅，无法一一尽述。

我们身处一个日新月异的时代，我们必须及时调整自己的定位和步伐，与时俱进。过去几年，我们一直在思考：如何在坚守香港市场核心价值的前提下，不断巩固香港的国际竞争力？如何在不降低投资者保障的同时给大家提供更加丰富的投资机会？诚然，这些问题都没有简单的答案。任何改革都面临成本和风险，我们在顾虑改革的成本和风险的同时，却往往容易忽视不改革的成本与风险，因为不改革的成本与风险经常要在若干年之后才会显现，付出代价者很可能是下一代人。面对挑战，我们这一代人是不是应该更勇敢地担当起我们的责任呢？

2017 年 8 月 1 日

21

新经济、新时代，香港欢迎您

2017 年 12 月 15 日，香港朝着上市机制改革迈出了重要的一步！经过几个月的公开咨询，香港市场已经就完善《上市规则》、拥抱新经济达成了积极的共识，探明了市场改革的大方向，我们在网站上公布了这次咨询的结论。

我想对每一位参与了此次咨询的投资者、发行人、中介机构和监管机构代表表示由衷的感谢、感谢你们真诚地发出了自己的声音，感谢你们用集体智慧推动了香港市场的进步！我相信很多的朋友都会为香港点一个大大的赞——香港，我真的为你的开放与务实而感到骄傲与自豪！

这不是一次容易的改革。作为香港市场 20 多年来最重大的一次上市改革，它从一开始就面对前所未有的争议，尤其是是否接纳不同投票权架构、未盈利公司上市等议题，在全世界任何一个市场都是不容易抉择的监管选择题。2013 年，我们只能以梦境为由尝试抛砖引玉，希望启发市场就这些关系香港公众利益的议题开展讨论，但根本不敢奢望我们的市场能够在短期内达成共识、启动改革。

幸运的是，在这四年中，新科技和新经济已经成为驱动世界经济发展的新浪潮，它们在深刻改变人类，特别是中国人的生活。新经济在推动社会进步的同时，也创造了激动人心的投资机会，获得了全球投资者的拥抱与追逐。幸运的是，香港是一个充满内省和开拓精神的城市，虽然我们错过了一两个大的 IPO，但是大家开始认真地思考香港应该如何与时俱进、如何巩固自己独特的国际金融中心的优势，大家开诚布公地讨论也越来越有建设性与可行性。幸运的是，我们的政府和监管机构是富有远见和担当的，不仅没有因为困难而却步，而且一直积极领导与推动这场咨询和改革。

正因为有这么多人奉献真知灼见，我们对市场未来发展的构想才能越来越清晰。正因为有这么多香港人的认真和坚持，我们当年的梦想才能变成现实：在遵循程序公义、保护投资者利益的前提下，市场各方达成了共识，真的“做出了最适合香港、最有利于香港的决定，而不是最安全最容易的决定”！

根据咨询中达成的共识，我们将在主板《上市规则》中新增两个章节，列出有关尚未有收入的生物科技公司和采用“不同投票权架构”的新经济公司来港上市的规则框架，我们也将修改第二上市的相关规则，方便更多已在主要国际市场上市的公司来港进行第二上市。总之，改革后的主板将能聚集更多类型的上市公司，尤其是高成长创新公司。与此同时，我们也提升了主板及创业板上市门槛，并对创业板重新定位，希望创业板能够继续吸引更多优质的中小型公司。

需要指出的是，这次的咨询不是一场非黑即白的是非题，更不是一场必须分出谁胜谁负的选举。咨询只是用公开公平公正的方法让市场各方各抒己见，让监管机构听到所有的声音，让我们通过集体的智慧求同存异。现在，市场已找到最大公约数，为市场改革迈出了重要的一步，当然，在最大公约数之下，市场各界对于不同问题的看法永远不可能也无必要完全统一起来。这正是香港程序正义和法治精神的体现。

也许很多朋友会问："不同投票权架构"真的是一种更好的公司治理架构吗？吸引新经济公司一定要靠接纳"不同投票权架构"吗？投资者能承受无收入公司的风险吗？其实，我们无意改变任何投资者对于这类多元化公司的既定喜好，我们只是想把上市的大门再开得大一点，给投资者和市场的选择再多一些，因为不想把非常有发展前景的新经济公司关在门外。如果您对"不同投票权架构"或无收入公司始终心存疑虑，您绝对应该避开这类公司，修改后的《上市规则》也不会影响您的利益；但是，如果您非常看好一家公司的前景，并且不介意它的多元化结构，修改后的《上市规则》将为您提供更多投资机会。

不少朋友关心新规则中有关投资者保护的问题，我想大家需要分清楚两个问题：一是如何保护小股东的利益不受控股股东侵害；二是控股股东是如何取得控股地位的。我必须强调，在新的规则中，现有规则对于第一个问题所涉及的投资者保护措施丝毫没有因为引入“不同投票权”架构而改变或者减少。《上市规则》中新增的章节只是改变了以前只允许通过资本投入来获取控股地位的规定，现在允许新经济公司通过合同（即公司章程）形式来获取控股股东地位。为了应对未来有可能出现的新问题、新风险，新的章节还将对这一权利设定更具针对性的特殊投资者保护措施。

2018年第一季度，我们计划推进《上市规则》的细则咨询，实施最有利于香港市场发展、最能保持香港国际竞争力的方案，尤其是一定要设定好相应的投资者保护措施。我们的市场不仅要让更多更新的发行人走进来，还要让我们投资者的利益得到更好保护。

股票市场如同一个百货商场，只有货架上的货（上市公司）更加丰富、更加符合顾客（投资者）的需求、更加安全，才能吸引四面八方的顾客，才能人气旺、有活力。

我坚信，这次改革完成后，我们将可以同时为上市公司和投资者提供更加丰富的选择，从而让我们的市场变得更加多元化、更富有活力，让香港这个国际金融中心更有全球竞争力。很多新经济公司都对我们的上市机制改革表现出了浓厚的兴趣，近期，我们已经收到了越来越多新经济公司有关来港上市的查询。

朋友们，主板《上市规则》中新增的两个篇章和新改的第二上市规则将只是一个开始，我期待着和你们一起共同书写香港市场发展最华丽的新篇章。

2017年12月15日

22

独角兽与王老五

我想打个通俗的比喻，从美国、中国内地和中国香港三个市场维度来谈谈独角兽上市这件事，咱们不妨把它叫作“王老五寻亲记”，主要人物有新郎王老五、新娘、岳父和岳母。上市公司就是王老五，投资者好比是新娘，监管者是岳父，岳母就是政府、媒体、专家和众多“吃瓜群众”。

在美国、中国内地和中国香港这三个不同的市场，“王老五寻亲记”分别上演着不同的剧情。

美国的股票市场经历了 100 多年的发展，已经比较成熟，投资者也比较成熟，以机构投资者为主，可以说美国的新娘（投资者）多是拥有高学历、高收入、高阅历的“三高人士”，人家追求自由恋爱，不喜欢包办婚姻，人家想投资什么就投资什么，投资好了就赚钱，投不好也不怨天尤人。所以美国的岳父（监管者）比较轻松，不用替新娘操心挑选新郎，他对新郎只有一条要求：不能撒谎，如果你有不良爱好，你得说清楚，你抽不抽烟、喝不喝酒，都得说清楚，只要不骗人就可以和新娘自由恋爱。当然，美国的新娘可不是好欺负的，如果新郎欺负新娘的话，新娘请来的离婚律师（集体诉讼）很可能会让他一无所有。

中国内地市场王老五人数众多，公司上市融资的需求很大。而新娘以散户为主，都非常单纯、热情，但是也特别容易轻信和情绪化。所以岳母（政府、媒体、专家）认为内地的新娘们天生是弱势群体，要求作为岳父的监管者特别心疼散户，也特别有保护意识，不仅要千方百计帮新娘们甄选德才兼备的新郎，还要做好防范，不让新郎欺负新娘。因此，中国内地的岳父工作特别辛苦，特别操心。而新郎也必须排长队慢慢接受审查，有些到了30岁还是王老五。

而中国香港算是处于中间地带，既不像美国那么完全婚恋自由，也不像中国内地有众多审查。王老五和新娘的恋爱还是比较自由的，只要符合婚姻条例的要求（符合香港《上市规则》），岳父一般都不会干预谁娶谁、何时娶。香港这个地方的岳父（监管者）相对也比较轻松，但是也有不少活要干，因为毕竟还是有散户。香港的岳母总的来说还是尊重市场，认同投资者应该盈亏自负，但也不时对岳父指指点点。

这三个市场本来各有各的逻辑，各有各的优势，互不影响，王老五们根据自己的条件，可以选择去三个不同的市场相亲。

不过，独角兽来了，宁静被打破了。这些昔日的王老五都在国外找到了富有的女朋友（PE/VC），注册在国外，用自己的聪明才智在中国这片沃土上取得了巨大的成功，成为独角兽了。近几年来，这些钻石王老五纷纷开始操办婚事、进入资本市场，绝大多数特别优秀的钻石王老五都到美国去了，这下中国香港坐不住了，中国内地也坐不住了，大家都卯足劲推进上市改革，想吸引这些独角兽。这些独角兽出走的原因主要有四个。

第一个是结婚的年龄限制，也就是上市的市值要求。三个地方对市值的要求不同，美国基本不管，中国香港和中国内地都对上市设定了一些市值的门槛。

第二个是学历，也就是盈收要求。美国不要求学历，只要你说清楚，中专毕业或小学毕业都可以到资本市场娶妻，但是不能撒谎，有人愿意要你就要你。中国香港有学历限制，必须是大学毕业（必须有营业收入）。中国内地要求新郎必须是研究生，大学学历还不够，还要读研，读研是什么？就是要有利润。

第三个是人品，也就是各种潜在风险。美国不关心人品，但是新郎不能掩盖，必须如实披露。中国香港还是要求没有不良行为的记录，最好不抽烟、不喝酒。中国内地则要求德才兼备，你必须德育、智育、体育都要好，这么多姑娘都等着，王老五得把水平提高了才能进来。谁来评判新郎的人品呢？当然是岳父（监管者）。

更核心的是第四个原因，婚前协议，也就是特殊投票权机制。

中国内地和中国香港地区都讲究夫妻平等、同股同权，但是现在很多新经济公司为了保证创始人对公司不丧失话语权都引入了特殊投票权机制，也就是在结婚前，新郎和新娘签一个婚前协议，规定各自的权利，很可能不是按照出资比例来约订婚后的话语权的。美国是允许这种婚前协议的，但是中国香港和中国内地目前都不认可这种婚前协议。

这四个东西，在美国都可以，但在中国香港都不行，几年前我们希望留住一个巨大的独角兽，但经过了一番的艰苦努力还是没有成功。所以香港正在进行上市机制改革，希望能把以上的问题解决了，简单来说，我们把年龄限制（市值要求）做了调整，学历要求只对生物科技类公司进行了调整（允许没有收入的生物科技公司来上市），也接受了婚前协议（特殊投票权架构），对于品行的要求依然保留。同时，允许已在美国和英国上市的企业以香港预托证券（HDR）的形式来香港第二上市。

香港通过这次改革实属不易，特别是在对于特殊投票权架构的安排上，尽管我们本意上希望对美国目前盛行的非常宽松的特殊投票权制度加上一定的限制，但最后仍然基本采用了美国模式，以保证改革后的新政对于独角兽有足够的吸引力。

在我看来，中国内地推进上市改革也会遇到类似的挑战，特别是面对众口难调的岳母和预期很高的新娘，内地的岳父将极为辛苦，压力也特别大。

最近中国内地正在研究通过中国存托凭证（CDR）吸引独角兽回国，这是一个重大的创新。如果推出 CDR 试点的话，就相当于是在内地婚姻法（《证券法》）没有改之前推出了一个专门针对外籍华人在中国的婚姻暂行条例，允许他们进入中国资本市场了。

当然，因为婚姻法没有改，所以推出 CDR 也必然面临着一些重要抉择。比如，在引入特殊投票权时是选择像香港一样基本引入美国模式，还是引入必要的中国元素来限制独角兽的某些投票权？如果限制了，独角兽还会来吗？如果不限制，岳母和新娘会有意见吗？再比如，怎么监管独角兽通过 CDR 上市后的再融资、并购，是用 A 股目前的逻辑来监管和约束还是接受这些公司主上市地的监管政策？还有怎么选择独角兽，是继续靠岳父审查遴选机制，还是依靠市场来选择？诸如此类的问题都可能考验监管者的智慧。

中国内地、中国香港和美国市场有不同的逻辑。美国市场崇尚“自由恋爱”，对市值、盈收、投票权都没有限制，最重视“不能说谎”。与中国香港一样，中国内地市场现有的上市法规还无法兼容这些独角兽的特殊，而社会各界又对吸引新经济有巨大预期，监管机构压力山大。大规模引进对市场存量影响大，要全面改革内地上市制度和法规并非一朝一夕之事。不想过大影响存量市场，改革就只能从有限试点下手。

中国香港处于两者之间，既足够国际化，又了解中国的国情。在中国经济发展的进程中，香港市场一直充当着连接中国内地和海外的“转换器”作用，并且与内地资本市场优势互补。虽然中国证监会和香港证监会是不同的监管机构，但关系亲密，“一国两制”体制下的香港可以利用自身的优势为内地的市场改革提供充足的时间和空间。我相信两地市场正在进行的上市改革可以创造共赢，共同服务于中国的实体经济。

［在 2018 中国（深圳）IT 领袖峰会上的发言稿］

2018 年 3 月 26 日

23

即将启航的香港上市新规，祝你一帆风顺！

2018 年 4 月 30 日将是个值得纪念的大日子！从这一天起，修订后的主板《上市规则》将正式生效并开始接受新经济公司的上市申请，香港资本市场将以更加开放的怀抱来迎接创新型公司上市。

这次改革是香港市场近 25 年来最重大的一次上市机制改革，也是最具争议的一次改革。过去 5 年，我们已对这次改革进行了广泛深入的讨论与思考。从 5 年前做的关于投资者保护的梦（见第 12 章）到今天新上市制度的启航，是一次难忘的旅程。在新规即将启航的前夜，我想将这些集体思考做一个阶段性的整理。

问 一、这不是一次容易的改革，香港交易所为什么要推行这次改革？

香港是一个不大的城市经济体，我们必须与时俱进、灵活应变，我们必须超越我们的经济体量，从全球大局来考虑问题，才能保持国际竞争力。我们的目标是连接中国内地市场和国际市场，要实现这一远大目标，我们就必须密切专注世界经济和全球市场的发展趋势，尤其是美国市场上正在发生的事情。

过去几十年，香港从一个区域性的金融市场华丽转身，发展成为举世瞩目的国际金融中心，这是了不起的成就。但是，我们在一个非常重要的方面已经落后，我们没有以正确的姿势拥抱新经济，特别是在容许有特别投票权架构的公司上市、未有营业收入的公司上市，以及第二上市等重要领域还不够灵活和开放。在这方面，纽约已经比我们和很多其他市场更有竞争优势，这也是美国市场能在统领科技革命方面脱颖而出的一大重要因素。

从国际竞争趋势看，香港的国际竞争力正面临巨大的挑战，如果我们的上市机制仍然一成不变，我们就会落后于其他主要国际市场，落后于新经济时代的发展。因此，无论这次改革有多难，我们都必须成功，而且需要沿着这个方向继续坚持走下去。

问 二、在推动改革的过程中，你们遇到的最大挑战是什么？

几年前当我们刚刚尝试启动这场改革的时候，新经济的发展趋势还不像今天这样明朗，是否应该容许“同股不同权”在香港引发了强烈争议，不少反对的声音认为引入不同投票权架构一定会削弱投资者保护。如何说服反对者，打消市场的疑虑，凝聚市场共识，成为我们必须面对的最大挑战。

其实，引入不同投票权架构一定会牺牲投资者保护是一个误解。事实上，这次的改革丝毫没有削弱我们目前的上市制度为小股东提供的保护。目前上市制度为小股东提供的保护措施根本没有任何改变，改变的是我们怎么看待控股股东能够获得其控制地位的方式。

过去，我们只认可一个股东通过为公司贡献的金融资本来获得控股股东的地位。股东的控制权需要与其出资额相当。改革后的《上市规则》让人力资本（如智慧财产权、新商业模式、创始人的愿景等）也被承认和接受，成为获得控制权的一种方式。换句话说，我们并没有改变小股东如何受到保护，我们只是打开大门，允许控股股东通过不同方式来获得控制权。

问 三、在无营收公司申请上市方面，为什么只对生物科技行业情有独钟?

首先，这是生物科技公司的独有特点决定的。一般来说，无营业收入的公司都处于高风险的早期发展阶段，投资者很难判断公司发展前景。而生物科技公司产品的研发、制造和上市过程都受到国家医药监管当局的严格监管，它们每一阶段的发展都有清晰明确的监管标准和尺度，这一特点使得生物科技公司可以在资本市场上提供清晰具体的披露，供投资者来判断投资风险。此外，在中国，我们深深感受到生物科技行业大发展的春天已经到来，天时、地利、人和都具备了。为什么这么说呢?

（1）**天时：**今天，我们有幸身处在一个科技大爆炸的年代，由于生命科学、人工智能、大数据等科技的突破和相互赋能，生物科技将产生巨大的突破，有可能改变我们的生活和人类的命运。

（2）**地利：**中国是全球人口最多的国家，目前已经是世界第二大经济体，但是很快将面临严重的人口老龄化问题，随着越来越多的中国人走向富裕，大家会越来越关注健康管理和生命的质量，都希望能够活得长、活得好。生物科技在中国大有可为，这是和我们每个人都息息相关的一个重大产业。

（3）**人和：**中国的监管机构已经认识到了人民的需求，锐意改革药品审批机制，与国际监管机构合作互认，加快创新药的研发审批程序。

剩下的就是资本支持了。作为中国的国际金融中心，香港应该在这一关系人类命运的重大变革中担当重任，发挥我们资本市场的优势，为生物科技行业雪中送炭。

问 四、香港市场这次改革历经 5 年才得以完成，而内地 CDR 试点在几个月内即将出炉，这是否说明香港的制度已变得低效与僵硬?

我们大家都希望改革能高速高效地完成。但是，香港市场是法治社会，崇尚程序正义与规则稳定。为保证市场规则的严肃性、持久性与可预见性，任何对市场有重大影响的改革都必须进行广泛深入的市场咨询，让市场所有利益群体都有发声的权利和机会。只有这样，改革后的规则才能得到市场各界最广泛的接受，才能经得起市场和历史的检验。开放的香港资本市场高度国际化、市场化、专业化，所有参与者都可以随时选择不投资香港，我们规则的改变也因此必须高度尊重法治和程序正义。而规则一经改变，就必须保持相对的稳定与一致，不能朝令夕改。总而言之，5 年时间可能是长了些，但我们积累的经验与教训也许可以使未来的改革更快、更有效率。我们始终相信，正确的改革经得起历史的检验，这次稳健完成的改革更适合于香港。

问　五、上市改革后的中国香港市场与美国市场和中国内地市场相比有何异同呢？

改革后的中国香港市场已经像美国市场一样，基本拥抱了新经济公司，在不同投票权架构和收入门槛方面已经不再存在制度上的重大障碍和劣势。与此同时，香港更接近内地市场，在文化、语言和交易习惯上“更接中国地气儿”，而互联互通又使在港上市的公司可以直接引入内地投资者。这种“两全其美”的制度设计让中国的香港市场比起美国市场具有巨大的吸引力和优势。

与内地市场相比，香港市场更加国际化、市场化，监管基本以披露为本，在上市审批、发行结构、价格与时间安排上完全按市场原则监管，更加灵活和自由。

简而言之，中国香港处于美国与中国内地市场两者之间，既足够国际化，又了解中国的国情。上市改革后的中国香港，比美国更温暖，更像家；比内地更开放、更市场化、更国际化，既有家的温暖，又有看世界的自由。

问　六、A股市场正准备推出的CDR试点，是针对香港上市改革推出的竞争之举吗？对香港市场有什么影响？

内地推出CDR试点，主要是为了让更多内地投资者分享新经济带来的投资机遇。这是勇敢的一步，也是内地资本市场发展到一定阶段之后的必然之选。对于新经济产业这么重要的经济引擎，内地市场进行发行体制改革来欢迎这些公司上市应该只是早晚的事情，我不认为他们是为了跟香港竞争而推这个试点，如果这么想的话，是把内地监管机构的格局想得太小了。

具体来看，CDR目前已公布的规则还不兼容无收入公司，除非细则有变，CDR试点对香港推出的生物科技板块没有什么影响。CDR推出的影响主要会反映在没有盈利的或采用不同投票权架构的境外注册新经济公司上市方面。这里包括两类公司，一是已在国际市场上市的巨型中国民企；二是仍未上市的“独角兽”。对于前者而言，一旦被选中参与CDR试点，它们就先行完成CDR上市。如果CDR不能与国际市场自由流通，这些企业未来也一定会考虑在香港上市，因为这样可以部分解决内地CDR市场与国际市场的价格传导。而对未上市的“外籍”中国“独角兽”来说，无论是否能被选中CDR，都一定会首选新政下的香港市场做正股IPO。因为CDR是正股的预托证券，而正股正常上市，不仅有助于CDR价格发现，而且为发行人在现有境内外制度框架下提供更有效、更灵活、更丰富的融资管道。因此，“独角兽”的最优方案是 CDR 与正股同时上市。

从宏观发展角度看，CDR 试点对香港的影响大致会有两种可能。一种可能，CDR 是个数量、规模和频率相对有限的试点，那就只是一种象征意义上的突破，暂不能承载大量新经济公司的融资需求。如果是这样，对香港市场的实际影响暂时有限。

另一种可能是，利用 CDR 的契机全面改革 A 股市场现有发行体制和监管逻辑，对新经济全面开放内地资本市场，取消发审机制，允许公司根据市场情况随时发行上市，大大简化上市后的再融资、大股东减持及海内外并购等企业行动的监管。这种可能性到底有多大，现在还难以判断。如果真是如此发展的话，改革后的香港上市新政在允许采用不同投票权架构方面就不一定有很大的相对优势，但内地市场如此大规模的改革开放一旦启动，将会对资本市场产生长期和深远的影响，这样的变化一定会为香港带来巨大的外溢优势，反而更加带动香港市场的发展。

打个比方，在全球资本市场这个大班级里有很多同学，内地市场和香港市场是两位同桌的同学，考试科目是国际化、市场化的改革开放。如果内地市场改革开放缓慢，那么他在考试中可能只能得到 55 分，同桌的香港可能有 60 ~ 70 分，香港算是有相对优势。如果内地市场开始大变革了，那内地市场的体量、优势和潜力就会得到充分释放，他的成绩很可能是 95 分。但这样的大变革必然会同时为香港带来巨大的外溢效应，香港也可以提升到 85 分，比起全班其他同学，双方的绝对优势都提高了，这对于两者来说都是好事。一种是高水平上的相对劣势，另一种是低水平上的相对优势，如果从中选择的话，我当然更喜欢前者。因此，我认为香港只要充满自信，与时俱进，就可以永远处于不败之地。

问 七、新的《上市规则》实行后，你有什么顾虑吗？

我的顾虑主要有两方面。

1. **如何界定可以采用不同投票权架构上市的新经济公司，到底怎样定义新经济**。这是一门艺术，而不是科学，对于绝大部分的上市申请，根据我们公布的相关指引信就可以清楚地给出是或否的答案，但是对于少数的申请个案，恐怕存在仁者见仁、智者见智的空间。在这方面，我们要尽量找寻正确的答案，但也要给监管者一定的“容错”空间，监管者会审慎检视新规的运作情况及个案，虚心聆听市场反馈，致力与各界共同完善制度。

2. **如何控制没有营收的生物科技上市公司的投资风险**。这类公司属于高风险高收益的投资板块，如果研发成功，公司的股价可以一飞冲天；如果失败，公司的股价可以一文不值，因此只适合比较有经验的成熟投资者，我们会给这类上市公司的股份名称添加特别的标记“B”，向投资者提示风险。

我们在为此类公司设定上市门槛时特别咨询了很多业内专家的意见，尽量在控制风险和丰富投资机遇之间寻找平衡点，设定一个比较合适的上市门槛，并根据行业特点为此类上市公司设定了特殊的信息披露要求，让发行人将所有潜在的投资风险披露给投资者，方便投资者能够据此做出正确的投资决策。我们还特别成立了一个生物科技顾问委员会，邀请了一些生物科技投资界的专家为我们的上市科提供意见。

此外，我们也对生物科技企业的除牌程序制定了更严格的规定，以防止炒壳。

有些投资者也许会问，你们为什么不仔细审核，只选择那些将会成功的生物科技公司来上市呢？老实说，我们没有这样的DNA，我们不认为我们比市场更聪明，不可能越俎代庖为投资者做出决策。我们只能着眼于制定更明确更清晰的披露标准，让投资者能在充分知情的情况下做出自己的投资决定。因此，我想提醒投资者，在买卖股票之前一定要仔细研究上市公司的基本面，为自己的投资负责。

生物科技行业是一个新兴的产业，对于生物科技上市公司的监管，我们还是一个新兵，我们针对生物科技上市公司的上市机制还有不断优化和进步的空间。我们一定虚心倾听市场和专家的意见，不断地学习和改进，希望市场能够给予我们一定的时间和试错的空间，也希望大家继续给我们多提宝贵意见，让我们共同把香港打造成为生物科技公司的创新摇篮。

作为香港市场的营运者和监管者，我们既要满足好上市公司（资金需求方）的融资需求，又要保护好投资者（资金供给方）的利益，我们永远行走在学习平衡之术的路上：如何在提供投资机遇和控制投资风险之间保持平衡，如何在上市机制的灵活性和投资者保护之间保持平衡，如何在坚持原则和保持竞争力之间保持平衡，如何在程序正义和积极作为之间保持平衡……这些是我们一直思索并尝试不断改进的平衡练习题。

幸运的是，我们在改革的路上一直都有你们的理解和支持。

朋友们，新的规则就要启航了，让我们共同祝福它能乘风破浪，为香港市场开启更美好的明天！

2018 年 4 月 29 日

24

如何迎接生物科技新秀

香港上市新规已经生效一段时间了，毫无疑问，香港资本市场将迎来生物科技发展的新时代。启程之际，我们对未来既充满了信心与期待，也不免对旅程中可能出现的风雨有一些忐忑和紧张。未来的旅程注定不会平坦，我们必须做好充分的思想准备。在此，我想与大家分享我对一些问题的思考。

问　一、修订后的香港上市新规第一次向连收入都没有的生物科技公司敞开了大门，你们为什么迈出了这么大胆的一步，而且这个门为何只对生物科技公司开放？

一般来说，没有收入的公司都处于高风险的早期发展阶段，投资者很难有可靠的标尺来判断公司发展前景和投资风险，所以我们以前的《上市规则》不接受没有营业收入的公司来上市。但是，生物科技公司比较特别，因为它们的产品研发、制造和销售过程都受到国家医药监管当局的严格监管，它们每一阶段的发展都有清晰明确的监管标准和尺度，这一特点使得生物科技公司可以在资本市场上提供财务指标以外的清晰具体的披露，供投资者来判断投资风险。

而且，一个服务实体经济的资本市场，不能光想着怎么在企业富贵时锦上添花，更应该考虑如何为推动社会进步的行业雪中送炭。生物科技行业的发展关系着人类的命运，作为中国的国际金融中心，香港应该在这一重大科技革命中担当重任，发挥我们资本市场的优势，为生物科技行业雪中送炭。

问　二、雪中送炭很高尚，但是风险也很大，因为生活在严冬中的人更容易冻死。与其他行业相比，生物科技行业有哪些特殊的投资风险？

1. 生物科技公司的产品研发周期长，一种新药从研发到最后获批在市场销售，短则三四年，长则达十年。

2. 由于生物科技公司的产品事关公众健康，受到政府严格监管，在获批生产前几乎不可能有营业收入，因此它们的产品研发需要大量的资金投入。

3. 生物科技公司的产品研发失败风险高，例如，一些研发中的创新药物即使通过了一期和二期临床测试，在三期临床测试中失败的也比比皆是。即使通过了所有临床测试，监管当局也有可能因为其他因素不批准该产品上市。

除了上述上市公司本身的风险之外，投资生物科技板块可能还面临两大市场风险：

1. **股价波动风险**。生物科技板块不同于一般的行业，它们上市后的表现容易两极分化，要么大喜，要么大悲。由于新产品的研发成败与是否通过审批决定着生物科技公司的生死，任何有关产品研发与监管审批进程的信息都容易给股价带来剧烈波动。

2. **内幕交易的风险**。由于高度的专业性和信息严重不对称，生物科技板块内幕交易的风险会明显高于其他板块。一方面，有关产品研发的信息对于股价的刺激明显高于其他行业，内幕交易的潜在回报高；另一方面，生物科技行业的产品审批受到产品安全性和疗效、社会需求、医改政策、监管取向等多重因素的影响，并非所有信息都是透明的，由于公开信息比较有限，产品获批的可预见性非常低，内幕交易的空间显著高于其他行业。

由于生物科技行业的这些特征，国际市场上涉足生物科技公司的投资者多是拥有较高分析能力和抗风险能力的机构投资者，散户鲜有参与。

问 三、既然风险这么高，你们为什么不把上市门槛定高，把风险高的公司都挡在门外？

我们没有按照这个逻辑来思考。最高的门槛就是把门关起来，或者根本不开门。既然已经决定打开门，就必须努力在发展和审慎之间寻求合理的平衡。门槛主要设定在最小市值和临床测试进度方面：如果门槛设得太低，可能会把过高风险的公司放进来，不利于市场的长期健康发展；如果门槛设得太高，又无法满足生物科技行业的合理融资需求，而且可能把很多急需资金的好公司挡在门外，让投资者错失良机。

我们在设定《上市规则》时特别咨询了很多业内专家的意见，尽量在控制风险和丰富投融资机遇之间寻找合理平衡点。我们最终选择设定了 15 亿港元市值和已通过一期临床测试、即将进入二期临床测试这两大主要上市门槛，并根据行业特点为此类上市公司设定了特殊的信息披露要求，以帮助投资者判断投资风险。

问　四、如果门槛不是很高的话，交易所是不是应该严格把关，只放好公司进来，把滥竽充数的公司挡在门外？

交易所的确会严格把关，但把关的焦点是在信息披露上，而不是实质性前端审查。上市门槛是客观标准，公司一旦达标，交易所就不能通过任意改变门槛或用其他主观判断来对个案公司进行取舍审查，只能严格要求公司详尽准确披露所有投资者应该知道的信息。

必须指出的是，作为市场的营运者和监管者，我们永远不可能比市场更聪明，无论监管者怎么用心审核，都没有办法将所有的坏公司挡在市场之外，更不可能为投资者做出决策。

问　五、如果交易所没有市场聪明，那交易所组织的生物科技咨询小组是行业的专家，他们是不是有火眼金睛能够帮投资者把关呢？

答案是否定的，生物科技咨询小组不是法定机构，只是联交所和香港证监会的顾问，完全不参与上市申请个案的审批。为保证公平公正和避免利益冲突，咨询小组的运作会有严格的防火墙机制。小组的主要工作功能是帮助联交所上市科和上市委员会了解生物科技中的专业知识和经验，制定详尽和专业的披露指引，并在实践中帮助核查招股书中的专业披露内容。换句话说，生物科技咨询小组成员是被动的顾问，不是主动的审查者，寄望生物科技咨询小组把关审核不仅不现实，更是对其功能的严重误解。

问 六、既然生物科技板块风险这么大，监管者又不能通过前端实质审查来确保质量，交易所是不是应该主动控制上市数量与节奏，避免过热炒作？

的确，我们好不容易才凝聚市场共识修改《上市规则》，迈出了迎接生物科技新秀的第一步。最希望看到的是市场稳步发展、细水长流，最不愿意看到的就是公司一拥而上、扎堆上市，投资者不假思索爆炒这些生物科技新秀的股票，透支上市公司的盈利前景，最后一旦有什么消息刺破股价泡沫，断崖式的股价暴跌会令投资者损失惨重，更令市场对生物科技望而生畏，只余一地鸡毛。这样的情景在美国、欧洲和中国台湾都曾经上演过，暴涨暴跌不仅背离了我们想让投资者分享生物科技成长红利的善良初衷，也会对香港来之不易的生物科技孵化环境带来伤害。

正因为此，我非常理解大家为什么希望交易所主动管理入市规模与节奏。但是，香港一向信奉法治精神、程序正义和市场至上的监管逻辑，我们不认为监管者应该替市场做主，人为地干预正常市场运作机制。我们的任务是确定清晰明了的规则，聚焦真实适时披露,事后严格执法惩治。我们不可能有科学合理的方法调整市场供需，即使我们能够公平合理地管理公司入市节奏，也无法保证生物科技板块一定成功或能够帮助投资者规避风险。即使这样的“流量管理”在短期内也许能够人为地保持市场供需平衡，它也一定会为我们市场的长期健康发展带来其他不良后果。无论是上市公司还是投资者，在生物科技板块的发展历程中都必须经历市场的磨练与洗礼，没有捷径可行。无论这些上市的生物科技新秀最终是凤凰涅槃，还是一败涂地，都是投资者必须面对和接受的现实与风险。如果想让香港的生物科技板块成长为参天大树，就不能把它们放在呵护下的温室里。因此，尽管“流量管理”这个想法的出发点很好，但它不符合香港市场的基因和基本逻辑，我们也不会采用。

问 七、那投资者应该怎么做呢?

投资者在买卖生物科技公司的股票之前一定要仔细研究上市公司的产品研发、临床实验结果和监管程序等细节,为自己的投资负责。而且，鉴于生物科技行业的专业性和复杂性，投资这一板块需要了解足够的专业知识和行业背景，这样的投资机遇只属于拥有丰富投资经验和一定风险承受能力的成熟投资者（主要为机构投资者），生物科技公司并不适合所有的投资者，尤其是中小散户。

要防止这个板块过早过热引发崩盘，我想提醒投资者，尤其是对生物科技不熟悉的中小散户投资者，一定要小心，小心，再小心！

冷静，冷静，再冷静！

如果你看不懂生物科技公司的招股说明书，请千万不要投资；如果你对生物科技行业的政策与发展不甚了解，请千万不要投资；如果你的心脏不能承受股价一天涨跌20%甚至更高的波动，请千万不要投资；如果你不能接受投资的股票价值有可能归零的风险，请千万不要投资。

问 八、那非专业的散户投资者可以怎样参与生物科技板块的投资呢？

从国际市场的经验来看，香港生物科技板块可能还需要几年才能全面成熟。我们的市场才刚刚起步，从生物科技行业分析师等专业人才的储备、专业投资机构的积聚，再到整个生态环境的成熟，都需要时间沉淀。万丈高楼平地起，基础一定要打好，最初上市的一批生物科技公司的市场表现将对市场长远发展产生重要影响。

我建议对于生物科技了解有限的散户投资者应该先观察再试水，在机构投资者与上市公司充分互动和博弈、形成稳定的价格趋势之后再逐步尝试。此外，鉴于生物科技板块的特殊性，个股投资风险很高，如果能用一篮子个股组合的方式来投资可以分散风险，东方不亮西方亮，投资者可以在数十家生物科技公司上市后，通过投资相关生物科技指数基金来分享这一板块的整体机遇。

总之，生物科技板块的启航来之不易，需要我们共同珍惜它、守护它。因此，接下来我们希望能够与业界和媒体携手，多做一些生物科技的投资者教育工作，帮助投资者走近生物科技行业。同时，我们也欢迎市场各界多提宝贵建议，帮助我们在工作中不断完善对生物科技类上市公司的披露要求和监管。我相信，在我们的共同努力下，假以时日，香港一定可以发展成为一个孕育生物科技创新的摇篮。

让科技改变生活，让科技改善健康，让科技延续生命。有了生物科技板块，我敢大胆梦想，让我们一起活到 120 岁！

2018 年 5 月 23 日

第三部分

互联互通与共同市场

互联互通的不断延伸为香港资本市场的发展提供新的动力，让香港的国际金融中心地位更加巩固。互联互通时代，香港的作用和任务，就是把世界的“货”带到香港来，让中国人在家里投资世界。

25

沪港通，中国资本市场双向开放的首班车

自 2014 年 4 月 10 日李克强总理在博鳌宣布“沪港通”项目后，我们已正式全面启动了沪港通项目的市场沟通与前期准备工作，包括在网站上刊登了全面的实施纲要与各类指引、数据手册。我相信大部分对沪港通感兴趣的朋友已经通过不同途径对沪港通有了一个基本的了解。所以，我写这篇文章不是为了重复这些信息，而是希望让未来有可能关注“沪港通”的新朋友更简便地了解沪港通的基本结构以及它设计背后的理念与意义。我想在下文分三个方面谈谈沪港通：

◎ 什么是沪港通?

◎ 沪港通的设计有哪些特点?

◎ “沪港通”意味着什么?

问 一、什么是沪港通?

沪港通是在内地与香港两地证券市场之间建立一个交易与结算的互联互通机制。在这个机制安排下，两地的投资者可以通过委托本地证券商，经本地交易所与结算所买卖、交收对方市场上市的股票。

在沪港通机制下，香港投资者通过香港的证券商直接买卖特定范围的 A 股（即上证 180、上证 380 的成分股，以及同时于联交所及上交所上市的 A+H 股），其订单会依次经过香港的证券商、香港交易所、香港交易所在内地设立的子公司，最后到达上交所完成订单撮合。

在沪港通机制下，香港投资者与香港的证券商进行结算、交收。而香港的证券商则与香港结算公司进行结算交收。最后，香港结算代表整体香港与国际投资者统一与中登公司完成结算交收。也就是说，对于香港投资者而言，买卖 A 股的过程与买卖港股无异，并不需要在内地经过任何额外的手续。

对于内地投资者也是同样的道理，他们可以通过内地券商经上交所直接在内地购买试点范围内的港股（即恒生综合大型股指数、恒生综合中型股指数的成分股，以及同时于联交所及上交所上市的 A+H 股），并通过中登公司在内地完成结算交收。

图 25-1 是沪港通机制的一个概览。

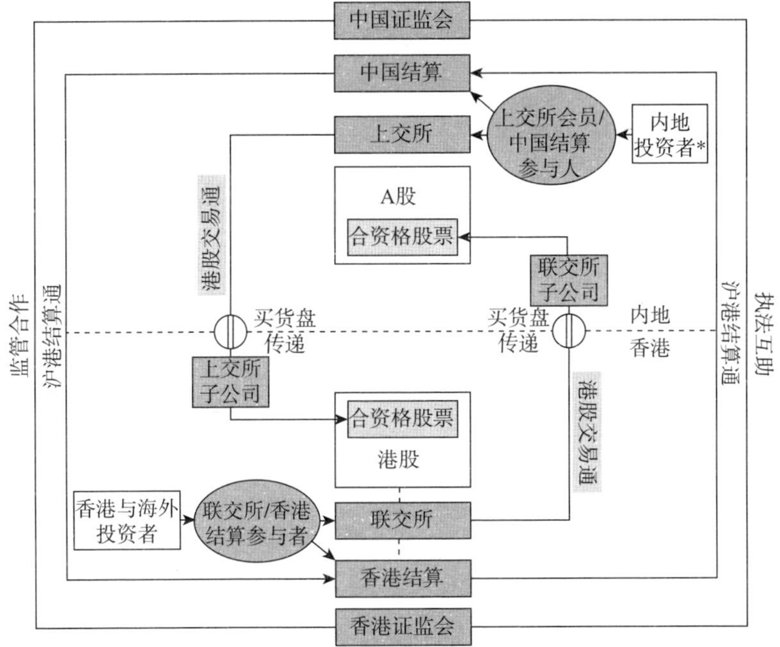

图 25-1　沪港通机制概览

问　二、沪港通的设计有哪些特点?

沪港通是内地循序渐进开放资本市场的一大创新，旨在以最小的制度成本，换取最大的市场成效。即两地市场尽可能地保留沿用自身市场的法律、法规、交易习惯，同时尽可能地降低对投资者的限制因素，让市场力量发挥决定性作用，实现最大幅度的中国资本市场的双向开放。沪港通的设计遵循谨慎的原则，充分考虑各方因素和风险。沪港通的特点可以总结为以下几点：

1. **交易总量过境，实现最大价格发现**。投资者买卖对方市场股票的本地订单将会被直接传递到对方交易所平台，与当地买卖订单一并进行总撮合。沪港通股票的交易价是在结合两地买卖盘总量后，总量对盘形成的价格，不会分割流动性，以保证达到最佳的价格发现。

2. **结算净额过境，实现最小跨境流动**。股票结算与资金交收将通过本地结算所先在本地进行对减，然后再以净额方式与对方结算所作最终结算。两地结算所互为结算参与者，分别代表两地参与者实行净结算。净额交收可以避免资金大进大出，控制资金跨境流动风险，减低对银行资金池造成的波动。

3. **人民币境外换汇，实现全程回流**。香港投资者买卖 A 股，是用离岸人民币支付，再由香港结算统一向中国结算支付人民币。

反之，内地投资者买入港币股，将支付人民币，再由中国结算把人民币带到香港，在香港兑换成港币，最后交付给香港结算进行结算；卖出港股时，资金也将最终以人民币“原路返回”。

所以，所有的跨境资金流动都是以人民币进行。这样做可以最大限度降低对在岸人民币市场及在岸外汇储备造成汇率影响。借助香港这个离岸人民币中心，完成双向人民币换汇，实现投资人民币的完整环流，大大加快人民币国际化进程的步伐。

4. **结算交收全程封闭，实现风险全面监控**。流入沪港通系统内的资金只能用来买卖规定范围内的 A 股或港股，一经卖出，套现资金只能在本地结算系统沿原路返回，而不会以其他资产形式留存在对方市场。这样做能够有效防范洗钱活动，控制游资无序流动风险。

而且，在沪港通下，所有的交易行为都在交易所、结算公司的系统内进行，谁在买卖、买卖什么、以什么价位建仓或出仓等都是一目了然，均有清晰记录，能够有效监控市场。

5. **本地原则为本，主场规则优先**。正如同在不同地区驾车都要遵守当地交通规则一样，沪港通交易须分别遵守两地市场适用规则。这个原则体现在上市公司、证券商、交易与结算三个层面：

（1）双方投资者投资对方市场目标股票时，受对方上市公司证券监管者保护，目标公司的披露与投资者保护责任受目标公司上市地监管者约束。

（2）证券商仍然遵循发牌地的有关规则、法律。

（3）交易与结算以目标公司所在市场的交易、结算规则与习惯不变为本。与此同时，出发地投资者还须遵循出发地市场的某些特殊的交易与结算规则。

整体而言，两地监管机构基本沿用各自现有法律与监管规则，以最低制度成本实现最大市场化运作。

6. **结构高度对称，利益高度一致**。互联互通的结构设计高度对称——两地交易所的子公司互为对方交易所参与者，结算所也互为对方的结算参与者。而且从监管层面上看，两地监管者的担忧与关注也是相互的、对称的，所以两地市场的权利与义务对等。正因为双方的利益、要求高度一致，所以在监管互助与投资者保护方面双方更容易形成共识，有助于打破“各家自扫门前雪”的国际监管困局。

7. 收入平均分享，实现互利共赢。两地交易所与结算所互相平分跨境订单为其带来的收入，实现互助互利、共创双赢。沪港通不是零和游戏，不存在此消彼长，也不存在谁多谁少，它是两地证券市场坦诚合作的最佳模式。

8. 初期实行额度管控，确保平稳运行。沪港通是一个长期的、结构性的计划，试点初期设置额度管控，是为了平稳有序、风险可控地推出沪港通。在额度控制上，实行“实时监控”和“先来先用”原则，交易所不负责分配额度，完全按市场化原则运行，不存在寻租空间。

在沪港通推出初期，分别设每日额度和总额度：南向港股通的每日额度为105亿元人民币，总额度为2 500亿元人民币；北向沪股通每日额度为130亿元人民币，总额度为3 000亿元人民币。需指出的是，所有额度均是买卖对减后的净额度。也就是说，沪港通一旦进入买卖常态后所能支持的交易量实际上会远远大于额度数量。

在运行顺利后，我相信两地监管机构、交易所将参考额度使用程度、运行情况以及市场影响等因素综合考虑后作适当调整。

9. 试点模块化结构，未来可灵活扩容、扩量、扩市。沪港通的设计已预建可延伸性。一旦成功运行一段时间后，在监管当局批准下，我相信它的模式可以灵活地拓展至更多的投资目标、更高的投资规模，也可以满足其他地域、市场和资产类别对跨市场、跨监管体系互联互通的要求。

问 三、“沪港通”意味着什么？

沪港通是中国内地深化经济体制改革、稳步推进资本市场双向开放的重要尝试。经过三十多年改革开放的探索，内地从开放贸易、开放企业融资和并购逐步走到了今天的资本市场双向开放，可谓水到渠成。但是，这种制度改革的历史性、复杂性、不可逆性也使得决策层在进行制度设计的时候特别注重风险控制。

沪港通正是在这样一个历史背景下诞生的开创性尝试。它综合了目前所有开放措施的主要功能，首次在不改变本地制度规则与市场交易习惯的原则下，建立了一个双向的、全方位的、封闭运行的、可扩容的、风险可控的市场开放结构，为制度与规则的逐步改革赢得宝贵的时间与空间。同时，由于跨境资金流动全部是人民币，所以沪港通可以成为人民币国际化新的加速器，可谓一举多得。

对于香港而言，沪港通的意义同样重大。香港过去30年的繁荣发展与内地开放息息相关，这一次也不例外。当内地试点资本市场开放之时，作为重要国际金融中心与世界最成熟的金融市场之一，香港具有独特的优势成为内地资本市场双向开放的桥头堡。同时，沪港通完全切合香港未来发展路径的设想：巩固当前香港股票市场的优势和提升流动性、建设人民币离岸中心、建设其他资产类别的交易中心和互联互通等……可以预见，沪港通将成为香港资本市场发展新的里程碑和转折点。

至于我们应如何看待沪港通，我的看法是：

◎ 沪港通不是一个简单的新政策、新举措或新产品：沪港通代表了中国资本市场双向开放大格局中的一个新思路、新方法、新结构，具有很大的想象空间。

◎ 沪港通不是一个A股短期救市方案：沪港通宣布后对A股与港股都产生了短期的和有限的利好，如果这样的利好能够持续，大家自然会皆大欢喜。但沪港通推出更主要的考虑则是改变市场机制，引入新的市场活力与理念，形成一个长期的制度安排，逐步实现中国资本市场的双向开放。沪港通的战略意义体现在制度的稳步持续与结构上的互联互通。开始的静悄悄没关系，长久稳定的市场活力才算最终胜利。

◎ 沪港通也不是一个内地送给香港的大礼包：我个人非常不喜欢将内地与香港之间的关系描述成支持、送礼、赠予、扶持这一类非平等、非互利的关系。香港今天的繁荣得益于中国经济的蓬勃发展，也归功于香港人的勤劳与智慧，归功于“一国两制”。“一国”使内地对香港更有信任与信心，愿意以香港为试点开始；“两制”又使香港可以为国家发展提供一条至关重要的、新的、不可替代的发展路径。沪港通的推出是“一国两制”成功实践的众多代表作之一。

◎ 沪港通表面上看是两地交易所之间股票互联互通的商业性安排，但在本质上，它却是中国资本市场双向开放这一盘大棋中的一步好棋。在这个棋局中，交易所只是计划的执行者，是一个兵、一个卒，具体实施则由两地金融监管当局共同策划、设计与协调。而支持这一棋局的更大的历史背景则是中国新一代领导人开启的让市场发挥决定性作用的新一轮改革开放。

总而言之，沪港通是中国资本市场双向开放列车的首发车，而香港就是其第一站。对于这趟列车来说，当前最重要的是平稳开出，安全抵达。就如当年的H股上市，经历10年的时间涓涓细流方才汇成大海，彻底改变了香港资本市场的面貌，我相信沪港通对香港资本市场的影响也会一样的深远，而且它同样需要时间来发展和完善。我相信，不用10年，甚至不用5年，这趟列车将会走得更快、行得更远。

2014年5月8日

26

沪港通答疑之一

2014年4月，沪港通获准试点以来，大家都在为沪港通计划的准备工作争分夺秒。令人欣慰的是，沪港通各项准备工作进展顺利，业界各方反应也十分积极。8月和9月，香港交易所联合上海交易所举行数次沪港通市场演习，稍后我们将在香港交易所网站公布获准提供沪港通服务的券商名单。

在我们与国内外投资者的广泛交流中，有投资者曾就沪港通的投资者保障及一些结构性的制约提出疑问，这些制约主要包括额度设置、目标股票限制、假期安排、交割前端监控以及监管责任分配等。

回答这些问题之前，我们必须从沪港通的历史使命说起。我们都知道，中国资本市场的双向开放是历史发展之必然，但鉴于两地市场结构现存的巨大差异，其实现途径却一定充满艰辛与挑战，不可能一蹴而就。如果我们坐等两地市场最终逐步自然融合接轨，可能要等待 5 年到 10 年。有没有办法在不根本改变两地市场现行结构与规则的前提下提前实现高度市场化的互联互通，成为沪港通设计理念的原始动力。

如果用水管来比喻的话，那么香港代表的国际市场的管子可能是方形的，而内地市场的管道则是圆形的，两边阀门结构及水压也是不同的。沪港通恰如一个连接转换器，它的挑战就是要在不改变两边“水管”形状的前提下把两边的市场有效有机地连接起来，既要保障水流畅顺，还要保证系统能够充分承压，做到水不淹、水不漏，阀门开关灵活自如。为了完成这一使命，沪港通在设计上既要高度市场化，也必须遵循谨慎的原则，充分考虑各方因素和风险，因此，在试点初期不得不在一些制度安排上设定一些限制，比如额度、投资者门槛、有限投资目标等。也就是说，尽管沪港通比既有其他开放方式具有前所未有的市场方便与自由度，但在推出初期，沪港通仍不能完全让投资者像投资本地市场一样灵活与熟悉。

我相信，在沪港通机制顺利运行一段时间后，大家对于风险的认识会更加清晰，上述的限制肯定会越来越少，我们会与上海交易所及两地监管机构一起，倾听业界及投资者的声音，不断探索完善沪港通的制度安排。希望大家能够多些耐心，能以鼓励创新的心态来看待它，给我们不断改善的空间和动力。

接下来，我想回答一些有关沪港通的问题。

问 一、投资者进行跨市场投资，是否会受到他原来所在市场的监管保护？

沪港通的一大特点是“本地原则为本，主场规则优先”。所以，当投资者到了对方的市场，就应遵循对方市场的规章制度与交易习惯，同时也享受对方市场监管机构的投资者保护。例如，原则上说，中国证监会负责监管A股上市公司，但不能替内地投资者来监管港股上市公司；内地投资者投资港股时，其境外投资不再受中国证监会法例的直接保护，而要遵循香港市场的法规要求，其投资者权益也须通过香港证监会来主张；反之，香港投资者投资沪股通也是一样。

但是，与投资者自己到对方市场开户口投资不同，沪港通带给了内地与香港两地投资者在本地市场、投资对方市场的便利。所以，两地监管机构为了沪港通的顺利开通，正在开展大量监管合作、执法互助的工作。这就好比一个人到A餐馆吃饭，A餐馆就要对自己卖出的食物向其顾客全盘负责，但无须对隔壁B餐馆的饭菜负责。但今天开通沪股通，就好比把B餐馆的菜也一并摆在A餐馆桌上，方便客人在这家餐馆吃到隔壁餐馆的菜。这时候，A餐馆对B餐馆提供的这盘菜的责任就不能是零了，但也不可能是百分百。这就需要两个餐馆协商责任分工、互相配合。因此，这次沪港通之所以能够推出，中国证监会和香港证监会功不可没，为了向两地广大投资者提供前所未有的投资便利，他们承担了大量额外的监管责任，他们是真正有担当、有远见的监管者，值得我们尊重与敬佩。

需要强调的是，在跨境投资者保护问题上，最重要的其实是培养“买者自负”的态度和能力。监管者可以打击违法行为、让广大投资者免受非法之徒带来的损失，但却不能让投资者避免由于没做好“功课”而造成的后果。而跨境监管的难度与挑战更应促使参与沪港通的投资者主动学习，充分认识跨境投资的风险。所以说，在沪港通的监管保护问题上，我们要做到“买者责任自负、主场监管尽责、客场监管配合”，三者之间充分互动与平衡。

问 二、沪港通计划为何要设定额度？未来是否会取消额度？

沪港通是在中国内地资本项目尚未完全开放的情况下推出的一项创新计划，在试点初期设置额度管控（具体额度计算方法参见沪港通投资者数据手册），是为了平稳有序、风险可控地推出这一计划。在运行顺利后，我相信两地监管机构将在综合考虑额度使用程度、运行情况以及市场需求等因素后适当调整额度管理机制，甚至可能逐步取消额度管理。因此，大家不必太过担心额度够不够的问题。

问 三、沪港通当前的额度分配是否公平？

与 QFII 额度制度不同，沪港通计划的额度不是按申请行政分配给个别券商，而是按照“先到先得”的原则分配，确保公平与高效。额度的分配完全依照买单的时间先后排序，与买卖的订单大小无关。为防止出现不公平“占位”的情况，我们将严格监控，尽量缩小买盘与最近成交盘之间的价差，从而防止不成交的买盘挤占额度；而且我们不允许修改订单——若投资者要修改已经发出的订单，必须先取消该订单，然后根据届时额度余额情况发出新订单、重新排队。

问　四、沪港通为何只能在两地市场均交易的日子才开放，日后会否调整?

如此安排主要是因为两地市场的交易日并不一致，考虑到交易结算所涉及的本地及跨境付款事宜以及券商和银行界的营运安排，尤其是两地券商一般都不会在假日期间营业，沪港通只在上交所及联交所均为交易日且结算安排均可有序运作的日子才开通。

有些投资者担忧，在本地市场长假停市期间万一遇到市场急剧动荡，投资者将无法入市抛售持有的对方市场股票。尽管这是非常合理的担忧，但解决这一小概率事件的唯一方法就是让业界完全改变本地市场假期安排，人为地去适应对方市场的开市时间。如果在一边市场假期期间开放沪港通，业界的营运成本和负担将会大幅增加，投资者及从业人员也需要改变原有的休假安排及风俗习惯，例如每年香港的圣诞假期和内地的春节及国庆长假。目前的安排是两害相权取其轻的选择。在沪港通开通后，两地交易所会继续与券商及银行业界探讨在假期提供跨境交易服务的可行性及市场需求。

问　五、投资者该如何管理假期风险?

由于上述交易日期安排，必然出现一边市场休市而另外一边市场仍在交易的情况。投资者需要提前了解沪港通的假期安排并根据自己的需要采取相应的风险管理措施。比如，在圣诞节、春节以及国庆假期间沪港通将关闭，但香港或上海有一边市场则会正常交易，通过沪港通计划持有对方市场股票的投资者如果担心对方股市在此期间出现不可预料的波动，可能需要提前减仓规避风险，安心过节。

问 六、所谓“前端监控”是怎么一回事?

“本地原则为本、主场规则优先”是沪港通的主要原则之一。根据内地法规，目前内地投资者只能出售其中国结算户口内前一交易日收市时已经持有的沪股，换言之，上交所和券商的系统会对投资者的户口进行交易前预先检查，内地投资者不能对自己户口内尚未到账的股票发出卖盘订单。而国际投资者的通用做法是 T+2，即在交易日通过券商下单，成交后两天结算时才将股票从托管银行交付券商。大型基金一般不会将证券存托于券商。由于香港与内地市场的证券存托管系统不同，香港交易所无法对投资者的户口进行持股量检查，因此，香港交易所将对券商指定的中央结算系统股份户口的持股记录进行类似检查，以确保券商发出的卖盘订单并没有超过其持股量。

鉴于两地市场的这一重要差别，国际投资者在卖出沪股时也必须改变其在国际市场上“先卖再结算”的交易习惯，遵循内地 T+0 的结算规则，在交易日早晨 7：30 前将欲售股票转至券商端才能在本日卖出，从而确保香港结算与中国结算每日结算时不会出现无法交付的情况。

我们理解国际投资者会对这一交易模式感到不习惯，这也可能会对其初期参与交易有一定影响，但暂时也在所难免。在沪港通顺利推出后，我们会继续与市场保持密切沟通，探索能否在股票借贷规则或 IT 系统方面找到可行的改进方法。

最后，我想强调的是，沪港通是一项长期制度安排。它将对整个市场所有参与者开放，市场参与者可以根据自身情况，审慎选择参与的时间与程度，不必急于一时。在沪港通推出之后，我们也会根据市场需求，不断探索沪港通改进、升级和扩容的最优方案。沪港通可谓中国资本市场双向开放的首班车，列车发出首日的上座率高低，其实并非最重要的考虑因素，最重要的是要确保列车平稳安全地行驶。

2014 年 8 月 10 日

▲ 2013 年 11 月 25 日，香港交易所集团旗下的香港场外结算有限公司正式开业，为场外衍生产品提供结算服务。

▲ 2013 年 8 月 6 日，香港交易所举办 H 股上市二十周年志庆。

elebrating
hare Listings
周年誌慶

▲ 2014 年 11 月 17 日，连接香港与上海证券市场的沪港通开通。

▲ 李小加在沪港通开通仪式上表示：“沪港通是中国资本市场双向开放列车的首发车，香港就是第一站。对于这趟列车来说，当前最重要的是平稳开出，安全抵达。我相信，不用十年，甚至不用五年，这趟列车将会走得更快、行得更远。”

▲ 2016 年 10 月 11 日，香港交易所集团旗下的香港联交所和香港结算与深圳证券交易所和中国证券登记结算有限责任公司（中国结算）就建立深港通签订《四方协议》。

▲ 2016 年 12 月 5 日，连接香港与深圳证券市场的深港通开通。

▲ 2017 年 7 月 3 日，在香港交易所大力推动下，连接香港与内地债券市场的债券通开通。

▲ 债券通方便了海外机构投资者投资内地债券市场，开启中国债券场的新时代。

CONNECT
T TRACK TO
BOND MARKET
Trading begins!
HKEX
債券通
開啟中國債市新

▲ 2018 年 4 月，香港交易所完成了香港市场近 25 年来最重大的一次上市机制改革，4 月 30 日生效的新上市制度向新经济敞开大门，允许没有营业收入的生物科技公司和采用不同投票权架构的新经济公司来港上市，并方便更多已在主要国际市场上市的公司来港进行第二上市。新经济、新时代，香港欢迎您！

27

写在 1117 号列车启程前的心里话

随着税收政策的明朗，沪港通的一切准备工作已经就绪，中国资本市场双向开放的首发车——1117 号列车就要从沪港同时启程了。

作为这趟列车的筑路者之一，我相信我和不少香港及内地的工作伙伴心中此刻百感交集，有激动，有期盼，也有紧张，有忐忑……在我个人而言，当然，最多的还是感激，感激香港交易所上下同仁的辛勤努力，感激两地监管机构的勇气和担当，感激合作伙伴——上交所和中国结算——与我们的紧密协作，也感激业界同仁的鼎力支持！

同时，我们也要感谢媒体朋友们一直以来对于沪港通的关注。最近这几天，你们常常追问我，“你对沪港通开通首日的交易有什么预期？”“到底是流入沪市的资金多还是流入港股的资金多？”

老实说，我对于沪港通首日的交易量没有任何预期。沪港通是一项全新的尝试，如同一条刚刚开通的高铁路线，开通首日的上座率是高是低皆有可能。无论当天的交易是火爆还是冷清，我们都当以平常心来看待。反正路已经开通了，车天天都有的，您大可以根据自己的时间安排行程，从从容容地买票上车。

至于开通首日到底是沪股通交易量大还是港股通的交易量更大，也不是我所关注的。也许有人会担心，北向的交易多了会不会带走香港的钱，或者南向的交易多了会不会带走上海的钱？千万不要忘了，在经济日益全球化的今天，任何市场的资金都是不停流动着的，而且这种流动一直处于加速中。经济基本面决定了资金流动的方向，其他因素只能影响流动的速度。

近日来，我们也经常听到朋友议论沪港通到底对香港较好一些，还是对内地更好一些。我认为这都问错了问题。正确的问题应该是，“有了沪港通是否比没有沪港通更好？”无论对香港还是上海，答案都是肯定的。所以，与其纠结于对谁更好，我们更应该着眼于是否能够双赢。更何况，沪港通的真正意义并不在于沪港两地存量上的重新分配，而是在于通过市场的融合与碰撞，把目前还未进入资本市场的巨额增量引入到两地资本市场。

对于我们这样的“修路者”而言，沪港通首日、首周甚至首月的上座率完全不是我们的关注重点。我们最关注的指标是沪港通列车的安全指数和舒适指数。在设计和准备沪港通计划的过程中，我们一直遵循谨慎的原则，尽量充分考虑各方因素和风险，尽可能地降低对投资者的限制因素，最终就是想让大家的投资之旅可以安心、顺畅。

不过，沪港通毕竟是一条全新的投资之路，两地的法律、法规、市场结构、交易规则均存在明显差异，纵然我们演习一千遍，开通的初期也很难保证不出现这些或那些的插曲。万一出现这样的不足之处，敬请您体谅，我们一定会竭尽全力寻求最佳解决方案，尽快改善您的旅途体验。

现在，一个全新的旅程即将开始，我衷心祝愿搭乘沪港通列车的每一位乘客旅途愉快、心想事成！

2014 年 11 月 15 日

28

沪港通答疑之二

经过大家的共同努力，沪港通已经顺利运营一周了。对于像沪港通这样的大型市场基础设施项目，原本不应在短短一周内就急于进行评估，但近几天我们的确收到了业界朋友们发来的许多问题，所以我决定还是在此做一个阶段性的小结，响应市场的关注。

问　一、你对沪港通这一周的成交满意吗?

如果从运行的安全性和稳定性来打分的话，我觉得沪港通至少可以得个“良”，因为开通这一周整体运行安全平稳，没有出现什么问题。如果从交易量来看的话，没有出现火爆的局面，可能低于不少市场人士之前的预期，但我个人并不担心。因为沪港通是一座天天开放的大桥而不是一场音乐会，无法用一周或者一个月的上座率来衡量它的成败。相反，它的价值可能需要两三年或者更长的时间才能得到验证。老实说，我对于沪港通的短期成交量未敢有任何预期，因为在伟大的市场力量面前，我们都是谦卑而渺小的，我不知道桥两边的人到底会选择什么时候过桥、会往返多少次；但长期来看，我对这座大桥的价值是充满信心的，因为我知道，有了桥，河两岸的人就不会再因为人为原因分隔两岸、不相来往。

问 二、你觉得北向沪股通为什么会出现交易先热后冷的情况？

据我所知，很多海外机构都对投资 A 股充满兴趣，但是由于沪港通的税收政策公布不久，很多大型投资机构还没有来得及做好准备，也有一些长线基金因为不习惯现在的“前端监控”机制，希望等我们明年搭建好股票追踪系统后再参与沪股通。在沪港通开通第一天，之所以出现额度迅速用尽的情况，可能是因为一些 QFII 机构在换仓，它们在内地卖出了原先持有的一些上海股票，又通过沪股通在香港把这些股票买了回来，希望把手中的 QFII 额度腾出来投资其他的内地资产。

总的来看，国际投资者会在未来一段时间内做好一系列准备，分期分批逐步参加沪股通，他们投资的主要动因是价值判断与指数跟踪。由于沪港通消息公布已经几个月了，各种短期套利机会逐步消失，加上年底将至，沪股通短期内应该不会看到大量短炒资金流入，这并不是一件坏事。

问 三、港股通的成交为何如此清淡？

港股通的冷清开场的确让包括我在内的很多市场人士有点始料

未及，但细细思考后也觉得并不奇怪，可能主要与以下因素有关：

（1）短期套利机会缺失：与 2007 年“港股直通车”不一样，两地市场间巨大的估值差已经不复存在，不少 A+H 股票的 H 股甚至已贵过 A 股。

（2）内地机构投资者还未来得及进场：包括公募基金、保险公司在内的很多大型内地机构投资者还在等待监管机构公布相关的投资指引。

（3）50 万元人民币资产的门槛：在今天的 A 股市场，有相当大部分交易是由持有 50 万元人民币以下资产的投资者进行的；这一门槛未来是否降低，还有待监管当局的综合考虑。

（4）港股通合资格股票无小盘股：沪港通从大盘指数股开始试点是一个主动的政策选择，主要是为了更有效地进行跨境监管和风险管理。未来沪港通合资格股票肯定会逐步扩容，但不会因为交投的活跃度而轻率调整。

（5）对香港市场的熟悉程度：对于内地投资者来说，香港是一个完全陌生的市场，市场上可供他们了解相关上市公司的研究报告还比较有限，他们熟悉香港市场和沪港通的规则都需要时间。

归根结底，在短期内港股通的发展还有待投资者的熟悉，以及规则的完善和扩容。但长远来看，港股通的潜力不可限量，因为港股通所吸引的不仅是证券市场的存量资金，而更重要的是现在尚未投资于证券市场的增量资金。这一点我将在下文展开阐述。

问 四、既然两边都有很多投资者还没有完全做好准备，为什么不等他们都准备好了再推出沪港通？

这是一个鸡生蛋还是蛋生鸡的问题。为方便机构投资者而搭建的股票追踪系统只有在沪港通推出了之后才有市场需求，至关重要的税收政策也只有在沪港通推出时间确定后才有可能正式公布与生效。如果不知道沪港通哪一天开通的话，投资者恐怕很难做出“最后一公里”的投资、合规和技术安排。所以，想在沪港通推出前把一切配套设施都百分百准备好是不现实的。

沪港通就像是一个初生婴儿，这个孩子已经怀胎十月该生了，尽管我们还未布置好育婴房，我们还是应该先把孩子生下来。我们完全可以等孩子出生了再买尿布，再买婴儿床也不迟！而且，有些东西可以因应孩子量体裁衣，或许更可以少买错、少走弯路。

问 五、香港交易所未来如何推广和完善沪港通计划？

正如前面所言，沪港通这个孩子已经出生了，我们现在的主要任务是好好照顾他、培育他。在沪股通方面，我们正在为机构投资者搭建满足前端监控要求的股票追踪系统，预计 2018 年 5 月可以推出。在港股通方面，我们将积极与内地监管机构沟通，推动相关政策出台，以方便更多内地机构投资者参与香港市场；我们也将为内地券商的投资者教育和推广活动提供支持，帮助内地投资者了解香港市场。此外，我们也会认真倾听市场的声音，不断探索沪港通升级和扩容的最优方案。

问 六、目前沪港通的市场反应会不会影响你们修建其他的互联互通大桥？

对于这一点，我没有完全的把握，有可能大家会先停一停、看一看，但也有可能是大家建桥的信心更足了。几年之后再回看现在的市场反应，也许会发现，对于沪港通这样大型的金融创新来说，现在的淡定其实是一件好事。在我们讨论沪港通的方案设计时，监管机构最大的担忧就是市场波动风险，担心沪港通会不会像 2007 年港股直通车的消息那样引发市场疯涨，因为任何疯涨的行情，最终都会以惨烈的下跌收场，到头来最受伤的还是中小投资者。从本周沪港通的波澜不惊来看，现在投资者的心态还是比较冷静和理性的，这样的市场氛围其实更适合我们建新的大桥，至少监管机构不必担心有太多人要抢着过桥引发踩踏事件了。而且，新建的桥与路可以形成一个更科学、更互补、更全面的国际化网络，加速中国资本市场的发展，提升其国际影响力。

问 七、目前沪股通的成交远远超过了港股通，沪港通会不会“南水北调”抽走了香港的资金？沪港通是不是更有利于内地？

短期来看，沪股通的成交确实远远超过了港股通。但是，长期来看，港股通的成交量增长潜力一定会超出很多人的预期，因为相对于海外投资者来说，内地居民的海外资产配置需求更大。20 多年前，中国需要引入大量的海外资本；未来 20 多年，中国的资本需要走出去，而且资产配置多样化的需求也会大大增加，大量财富会从银行存款转向证券和其他资产类别，这是大势所趋。我相信很多中国人会从港股通迈出投资海外的第一步。

而且，香港从来都是一个资金自由港，每天都有来自全球的资金流进或流出香港，这些资金永远都是追随投资机会的，就算没有沪股通，这些资金也可能流向其他海外市场。

至于沪港通现在到底给谁的好处更多，就像我在之前的文章里所说，这不是我们应该纠结的问题。做生意的人都知道，双赢是任何商业合作成功的前提，要想寻找合作机会，首先要想怎么让合作伙伴赢，然后才是自己赢，一味算计怎么让自己多赢的人注定很难找到合作伙伴。香港背靠一个巨大的本土市场，面对内地市场大步迈向国际化的巨大机遇，凭借“一国两制”给我们带来的优势，香港没有不赢的道理。因此，我们都应充满自信，放眼未来。

路遥方能知马力。沪港通是一项长期制度安排，它的价值需要数年才能得到准确的检验。如同当年的H股上市，经历20多年的时间涓涓细流方才汇成大海，彻底改变了香港资本市场的面貌，我坚信今天的沪港通将对香港和内地资本市场产生同样深远的影响！

接下来，我们会把主要精力转向完善沪港通的各项制度安排上来，希望各界朋友能够一如既往地支持我们，多提宝贵意见。

2014年11月23日

29

沪港通下一站：探索共同市场

2015 年 1 月，沪港通在顺利推出并平稳运行两个月后，成交量开始稳步增长，南北向交易量也开始呈现更加平衡发展的趋势。与此同时，我们也在加紧优化完善沪港通机制的各项工作。我们坚信沪港通交易量未来将会迎来更加高速的增长。

随着深港通准备工作的全面展开，我们已开始思考后沪港通时代的香港证券市场未来发展的方向及路径。在 2015 年 1 月 19 日的亚洲金融论坛上，中国证监会主席肖钢提出了建立亚洲财富管理中心的宏伟设想，突出强调了中国资本市场开放对国际金融秩序有可能带来的深远影响。在今天的香港交易所工作坊中，也有许多朋友问我对中国资本市场开放的看法。我想借此文章，提出一些初步的思考，抛砖引玉，希望能与朋友们一起探索未来发展的方向与路径。

（1）香港应如何认识内地资本市场双向开放中远期的路径选择？

（2）沪港通的本质是什么？

（3）“共同市场”开放模式有哪些主要特点？

（4）“共同市场”的模式为后沪港通时代的发展带来什么启示？

问 一、香港应如何认识内地资本市场双向开放中远期的路径选择？

任何一个大国的崛起，必然离不开一个发达的资本市场，而资本市场的发展壮大又离不开“开放”二字。内地资本市场逐渐走向双向开放，是历史发展之必然。

具体来说，双向开放无外乎“请进来”与“走出去”，即把国际的产品、价格或投资流量“请进来”，或让自己的产品、价格或投资流量“走出去”，其终极目的是使自己的市场更加国际化，使国民的财富投资配置更多元化、国际化，使中国更有效地参与和影响国际定价与标准的制定。

鉴于内地与国际市场在制度法规与交易体制上尚有重大差别，大规模的“请进来”在中短期内可能还不能完全实现；而允许内地资本大举出境也会带来重大的政策与监管忧虑，因与国际市场长期隔离而缺乏了解的内地资本也很难有迅速走出去的动力与实力。沪港通正是在这一大背景下，由中央最高层拍板宣布、由两地监管机关支持、由沪港交易所共同推出的一个历史性的创新型突破。

问 二、沪港通的本质是什么?

沪港通最重要的意义在于创设了一个两地机构共同营运和监管的“共同市场”，它探索出了一种创新性开放模式，在中国资本市场的“请进来”与“走出去”还未完全到位前，让世界和中国合适的产品在一个“共同市场”汇聚，从而可以在中国的时区下、中国的监管要求下，通过两地交易所和结算公司的连接，让内地的投资者、资本在“共同市场”与国际投资者、资本对接博弈，进而逐步形成中国投资资本走向世界的大潮流。

受此启发，如果我们未来把沪港通框架延伸至现货股票之外的其他产品，如股票衍生品、商品、定息及货币等各大资产类别，把国际投资者喜欢的中国产品放进“共同市场”(相当于把国际投资者“请进来”)，同时装进中国投资者需要的国际产品(中国投资者“走出去”)，这样我们就可以在不改变本地制度规则与市场交易习惯的原则下，大规模地、迅速扩大中国资本市场的双向开放，大幅扩大中国标准和定价的国际影响力，为中国资本市场的全面开放赢得时间与空间。同时，由于跨境资金流动全部是人民币，“共同市场”也可成为人民币国际化的加速器，可谓一举多得。这样的“共同市场”模式起步于与香港的合作，也可延伸至其他市场与地区。

问 三、“共同市场”开放模式有哪些主要特点?

1. 两地监管机构共同监管，执法上密切合作。两地监管机构的监管半径得以大幅延伸，在输出自己核心价值的同时引入外部先进标准，从而可以更大限度地掌控“请进来”和“走出去”的节奏。

2. **两地交易所合作共赢，成功走出“零和”竞争循环**。利益高度一致的两地交易所将齐力推进国际化，两地流量在同一撮合器上互联互通，实现价格最大发现；价格授权先行则将为后续全面互联互通赢得时间与空间。

3. **两地清算所每日交易总量本地先行结算，净额跨境结算**。在保持两地现行清算结算体系完整性和独立性的基础上建立了一个既封闭又透明的风险管控架构，并实现尽量小规模的跨境资金流动。

4. **两地投资者无须改变交易习惯即可与对方市场投资者在同一平台上共同博弈**。两地投资者基本依赖本地市场结构，归本地监管机构保护,可在“自己家里”和“自己的时区”按“自己的交易习惯”投资对方市场产品。

5. **对于两地股票发行者和衍生品使用者而言，**“共同市场”可使两地上市公司同时享有双方投资者创造的流动性，两地未上市公司有可能将来向对方投资者融资，两地企业可利用对方市场衍生品和商品进行风险管控，最终两地衍生品价格或流量的互联互通将有利于整体提升实体经济利用金融市场进行融资和风险管控的有效性。

6. **对于两地中介机构而言，**“共同市场”有效防范了本地投资者在“走出去”的过程中与本地中介机构“脱媒”，可更好地激励本地中介机构服务于本地投资者的“国际化”，进而全面促进本地中介机构业务“国际化”进程。

综上，沪港通开创的创新型模式本质上造就了一个内地市场与香港市场、国际市场之间互联互通的“共同市场”，通过一个双向的、全方位的、封闭运行的、可扩容的、风险可控的市场开放架构，把“世界带到中国家门口”，体现了市场各方利益的高度一致性，有助于实现最大市场化程度的国际化进程，以最低的成本为最终的全面开放赢得了时间与空间。

问 四、“共同市场”的模式为后沪港通时代的发展带来什么启示?

沪港通是“共同市场”的序幕，即股票版 1.0 版本，“共同市场”的潜力肯定远不止于此。有哪些内涵能够放入“共同市场”呢？这首先取决于大家能否对“共同市场”的发展模式取得一定的共识。在一定的共识之下，我们还须在政策制定者与监管者的引导下对模式的方方面面进行详尽的可行性研究与风险评估。在下面有限的篇幅里，我想不揣冒昧，提出一些初步思考。

1. 沪港通后股票类市场的互联互通已顺理成章。上海与深圳是中国股票市场发展的“两条腿”。沪港通这条腿迈出去后，深港通这条腿的迈出已无悬念。我们须考虑的问题仅仅是推出时间以及是否会在沪港通的基础上有所升级与丰富。

如果沪港通与深港通是中国股票市场双向开放的“两条腿”的话，股指期货通就是联动两条腿的胯与腰。股指期货的互联互通有助于满足两地投资者风险对冲的需求，这既是 MSCI 考虑是否将 A 股纳入其新兴市场指数的关键因素之一，也是内地市场掌握 A 股衍生品市场国际定价权的必要条件。

简单而言，股指期货通可以有快捷版和全通版两种实现形式：快捷版就是结算价授权先行，中国价格先行“走出去”，国际的价格也可以“请进来”；全通版则是类似沪港通、深港通的产品互挂、流量互通。至于采用哪种模式，可以视乎中国在海外市场确立股指期货定价权的全盘考虑而定。

2. **中国商品期货市场国际化刻不容缓**。客观而言，如果不计时间因素以及境内外制度磨合成本，中国期货市场国际化的最优选择无疑是流量“请进来”，就地国际化。但是在当前中国资本项下尚未全面开放且法律框架、交易规则与境外尚存巨大差异的情况下，大规模的流量“请进来”可能还需相当长的时间。

中国是世界上最大的大宗商品进口国，是最大的消费者，但却不是真正意义上的定价者。实际上，中国商品期货市场国际化已经到了刻不容缓的时刻，我们认为必须尽早考虑“走出去”迎战，让“产品走出去”“价格走出去”，甚至让“资金走出去”。

到底怎么走出去？单独走还是通过合作的方式走？与谁合作？商品领域中互利、双赢与可持续的合作模式是什么？这些问题看似容易，实际极具挑战。商品期货市场有别于股票，它的双向开放肯定须考虑不同的因素，可能会有不同的方式和节奏。内地交易所与香港交易所的同仁都已开始认真思考这一问题，希望能够尽早找出合适的开放模式与路径。我相信共同市场的双向开放框架将会大大拓宽我们探索的思路。

3. 定息与货币产品的开放与国际化已经摆上日程。当前，中国汇率与利率市场化改革正朝着纵深方向发展，进程明显加速。与此同时，在现有制度和境内外经济金融形势下推进改革并非一蹴而就，作为金融市场基础价格标杆的汇率和利率面临着“牵一发而动全身”的复杂性，对整体配套的要求比较高，改革过程中也需要妥善处理各种风险。

在这样的背景下，香港离岸人民币市场这块“试验田”将更加重要。它既可屏蔽风险向内地市场的直接传导，又可为继续稳步推进人民币汇率和利率改革提供参考。我们希望能在两地监管机构的指导下,继续深化香港人民币货币和利率产品创新。与商品期货类似，定息及货币类产品的国际化思路也可以是价格授权和流量互联互通相结合。

4. 内地资本的迅速崛起与注册制改革为一级市场的互联互通带来了新挑战和新机遇。一级市场功能是资本市场服务实体经济的最基本功能，共同市场是否也能延伸至一级市场呢？由于内地发行者早已成为香港市场的主要构成部分，内地资本市场改革开放的提速（特别是一级市场改革，例如注册制）将对香港股票市场的发展前景带来深远的影响。

具体而言，香港市场需要仔细分析各类企业选择不同融资市场上市的动因与制约，重新思考如何在新环境下继续保持自身的竞争力：

◎ 内地企业选择内地上市的主要动因与制约：熟悉自己的投资者和较高的历史估值，但受限于监管者对市场容量与上市节奏的严格管控。

◎ 内地企业选择香港上市的主要动因与制约：更加开放和国际化的发行上市制度与环境，以及更成熟的国际机构投资者，但苦于历史上较低的估值，全流通的限制以及缺乏大规模内地资本的有效参与。

◎ 国际跨国企业考虑来香港与内地融资的动因与制约：既希望吸引大量的中国内地投资者成为其股东，但其一级市场融资又无法适应内地目前的法规与市场结构；简单在香港进行非融资的第二地上市又无法取得足够规模的、可持续的二级市场流量。

换句话说，影响香港一级市场最重要的两大因素是内地市场正在崛起的巨大流量与迅速提速的内地发行制度改革。只有正确认识与判断这两大因素，我们才能看清自身独特定位的优势与劣势，尽早开始考虑我们是否需要做出必要的调整，以找到互利、共赢而且可持续的共同发展道路。

总而言之，我认为“共同市场”可以成为中国资本市场国际化的一个新思路与新模式。我今天提出了几个我们关心的问题，但找到正确的答案则需要我们集思广益，共同探索。毫无疑问的是，拥有一国两制优势的香港正是内地打造这一共同市场的最佳初始伙伴。

那么对于香港来说，这样的“共同市场”是不是我们的最佳选择呢？香港能否在不牺牲或不妥协我们自身的标准和独特核心价值的前提下，参与“共同市场”的建设？我相信，充满智慧与自信的香港人心中自会有清晰的答案。

2015 年 1 月 20 日

30

修桥杂思：进一步完善沪港通

人在忙碌的时候时间总会过得特别快，在刚刚过去的三个月里，我们一边忙着收市竞价交易时段和市场波动调节机制的咨询，一边忙着归纳和总结市场对于不同投票权架构概念文件的各种意见。当然，还有不断倾听市场意见和优化沪港通机制，自沪港通去年推出以来，这一直是我们工作的重中之重。同时，我们也在紧锣密鼓地准备深港通。仿佛眨眼之间，一个季度就这样过去了，让人不禁感叹：时间都去哪儿了？

值得欣慰的是，在监管机构的配套政策支持下，我们之前所做的各种努力近期已经初见成效，我们越来越坚信，我们正在朝着正确的方向迈进。在此，我想抽空回顾一下过去数周的工作进展，也跟大家分享一下我们下一步的工作计划。

你们或许已经留意到了，2015 年 4 月 2 日沪港通下的港股通交易量创下近 60 亿元人民币的历史新高，这也是本周港股通交易量三度创出新高，显示内地投资者对于香港上市公司的投资兴趣不断升温。除此之外，2015 年 4 月 2 日港股总市值达到 27.3 万亿元人民币，同为历史新高；而在 2015 年 3 月 31 日，香港股票市场的成交量高达 1 496 亿元人民币，也是 2008 年 1 月以来的最高纪录。

引发港股通交易量近期激增的因素是多方面的，其中很重要的一点就是中国证监会于 2015 年 3 月 27 日公布了内地公募基金通过港股通投资港股的监管指引。这一已酝酿数月的监管指引不仅允许新设的内地公募基金通过港股通投资港股，还明确指出现存的老基金可以依据基金合同或在修改基金合同后参与港股通，彻底扫除了内地公募基金参与港股通的政策障碍。在过去几个月里，我们已与监管当局及主要基金探讨一旦该监管指引公布后，如何使现有基金快捷有效地召开基金持有者大会批准相关基金章程与合同。

此外，自沪港通开通以来，我们已经在内地举办了 50 多场不同类型的投资者座谈会和培训活动，2015 年 3 月我们刚刚优化了沪港通的市场数据服务计划，为内地投资者提供更加及时和多元化的港股行情服务。未来，我们还将继续组织针对内地投资者的教育活动，帮助内地个人投资者熟悉香港市场，相信港股通的交易量未来会不断增长。

与此同时，我们也推出了多项沪股通的优化措施，方便香港和海外投资者投资上海的股票。2015 年 3 月 30 日，我们的中央结算系统（香港结算）推出了一项新的服务，解决了一些大型机构投资者参与沪股通的后顾之忧。在此之前，机构投资者在卖出 A 股前须先将 A 股从托管商转移至经纪商以满足前端监控要求，这也令很多大型机构投资者对沪股通望而却步。香港结算推出的新服务是为有需要的投资者开设特别独立户口，拥有特别独立户口的投资者可以在卖盘执行后才将卖出的股票转移到经纪商进行交收，这与目前他们交易港股的交收方式十分近似。

我们做的另外一件事是向投资者说明香港结算作为沪港通 A 股名义持有人的角色。在沪股通机制安排下，所有投资者通过沪股通买入的 A 股都登记在香港结算名下，沪港通推出之初，一些海外机构投资者（尤其是美国和欧洲的基金）担心这一安排将妨碍他们行使实益拥有权。为此，我们一直与国际基金、投资者和监管机构保持沟通，向他们清楚地讲解了在内地与香港法律和监管框架下的名义持有人安排。现在大部分投资者已经认识到，透过沪港通名义持有人持有 A 股的投资者们对这些 A 股享有实益拥有权。为了进一步打消海外投资者对于沪股通名义持有人安排的顾虑，香港结算最近还修订了《中央结算系统一般规则》，明确指出在投资者的要求下，香港结算可以为他们出具 A 股持有证明，在必要时还可以协助投资者在内地依法采取法律行动。

虽然在优化沪港通机制方面我们已经取得了不错的进展，但是，我们也深知，作为一项全新的试点计划，沪港通还有很多需要完善的地方，我们绝不能有丝毫的懈怠。目前，我们正在与深圳证券交易所的同仁们细化深港通的方案设计，希望能够进一步优化现有的互联互通机制，为投资者带来更多投资机遇。

如同我在之前的文章中所写，沪港通只是两地市场互联互通的第一步，我们的目标是与内地同行和监管当局合作创建一个连接内地投资者与国际投资产品、连接海外投资者与中国投资产品且涵盖多资产类别的“共同市场”。沪港通和即将到来的深港通将股票产品带进了这个共同市场，我们希望不久之后也能把股票衍生产品装进这个共同市场。假以时日，我们希望能把共同市场延伸至股票衍生品、商品、定息及货币等各大资产类别，把世界带到中国家门口，也把国际投资者“请进来”，为参与的各方创造多赢。

内地资本市场逐渐走向双向开放，是历史发展的必然，也是一个越来越清晰的大趋势。紧随这一趋势，我们修建了沪港通这座连接两地市场的大桥，目前我们正在加快辅路建设，并着手完善桥上的指示牌、加油站和快餐店等配套实施，为即将使用这座大桥的人们提供更多的方便。未来我们还会修建更多的新桥，方便两边的人们来往。我坚信，随着内地资本市场加速开放，随着桥两边的人们逐渐增进相互了解，我们修建的大桥一定会变得热闹起来。如果内地 A 股未来能被纳入全球主要股指，数以千亿美元的海外资金将会配置到内地市场；内地居民的财富搬家（从银行搬向资本市场）的洪流才刚刚开始，未来数以万亿元的人民币资产将会分流到内地和海外的资本市场。

经常有人问我，如果有一天内地市场完全开放，你们修建的这些桥会不会就报废了？说实话，我不太明白这个问题。如果中国完全开放了，它就一定会允许更多的连接境内外的大桥和隧道开放。是的，也许开放之后有的人会考虑举家移民，不再需要过桥了，但是绝大部分人还是会留在原地，只是过桥去另外一边旅游更频繁了。只要我们的大桥足够方便，又怎么会没用呢？尤其是我们修桥的地段都是流量最大的地方，更何况我们不收任何过桥费——通过沪港通交易的投资者只需要跟交易本地股票一样支付经纪佣金和交易所规费，没有其他附加费用。因此，我不认为我们的桥到那时会被取代。只是到那时，桥会越来越多，人流也会越来越大。

总而言之，我对共同市场的前景充满信心，好戏才刚刚开始，无限精彩在前方！

2015 年 4 月 2 日

31

给投资者的一点小建议

2015 年复活节之后的这几天，香港证券市场人气格外活跃，恒生指数连续大涨，市场总市值、交易总量和沪港通成交均屡创新高。在市场一片欢呼雀跃之时，我被投资者问到最多的问题是：

（1）现在买入港股还来得及吗？

（2）沪港通额度老爆满买不进去了可怎么办？

（3）交易量放大后港股市场会否更波动？

我并没有水晶球可以预知市场未来走向，但作为沪港通大桥的诸多修桥者之一，我想给大家一点小小的投资建议。

不要急！

沪港通是一座长期开通的大桥，它是为未来 10 年、20 年而建的，不存在“过了这个村就没有这个店”的问题。你完全可以也应该根据自己的实际情况与需求安排准备好再从从容容地开始你的投资之旅。不必急于一时，更不必凑热闹。有价值的股票永远可以找到，但急于求成往往会徒增风险。要知道，如同在假日扎堆旅游一样，扎堆过桥很容易引起拥堵或者踩踏事件，也非常影响个人体验。

不用慌！

沪港通南北双向均设有总额度与每日额度，其主要目的是在启动初期确保平稳运营。这两天港股通额度每日下午就提前用完，让不少投资者因无法进场而困惑，也有不少声音呼吁能早日扩容。

在这点上，我也请朋友们不要慌，保持耐心，监管当局一直在密切关注市场发展，会在适当时机考虑扩容。我之所以对此有信心，主要基于以下两点：

（1）虽然沪港通这几天火爆，但经沪港通进出的内地资金总量还是非常小的。到目前为止港股通总额度仅使用了 479 亿元人民币（未包括 2015 年 4 月 9 日的港股通交易），即 19%。沪股通总额度仅使用 1 157 亿元人民币，即约 39%。而内地 A 股市场自 2014 年年底以来，日均成交额一直保持在一万亿元人民币以上。相对而言，通过沪港通进出的资金规模实在非常有限。

(2) 沪港通的结算交收全程封闭，监管者可以全面监控风险。所有的交易行为都在交易所、结算公司的系统内进行，均有清晰记录。在这样的制度安排下，资金并未无序地大进大出，买卖A股或港股的资金在股票售出后又沿原路返回主体市场。

如此封闭和透明的制度设计，保障了沪港通可以在两地监管机构密切监测与审慎风控的前提下，承载巨大的跨境交易。

机会无穷、风险常在!

沪港通开启了内地与香港市场的互联互通，也让崇尚价值投资理念的国际机构投资者与散户占主导的内地投资者群体开始了“历史性的交汇”。这一历史性的交汇一定会催发出大量“化学效应”，开创一个中国资本市场发展的新时代。

在这样一个新时代里，机会无穷，但风险常在。对香港投资者来说，新增的内地投资者为市场带来了活力和前所未有的交易机会。与此同时，双方在投资观念和风险意识上的差异也为香港投资者（尤其是散户），带来新的挑战与风险。如何在亢奋的市况中保持冷静和谨慎，是每一个投资者都必须思考的问题。

而对于很多内地散户投资者来说，沪港通是他们投资海外的第一步，自然更需要谨慎。投资就像游泳一样，如果不下水，就永远也学不会游泳，但初学者第一次下水时往往不免要呛上几口水。因此，投资者一定要多做功课，谨慎决策，切忌跟风。

作为市场运营者和监管者，我们深知，不断攀升的交易量意味着更大的责任，我们会继续全力确保系统的稳定可靠，我们也会时刻密切监察市场，并在必要时采取适当的风险管理措施，维护市场的有序运作。

沪港通的设计初衷不是为大家提供一个发快财的机会，而是帮助中国早日实现国民财富的多元化国际配置，为大家提供财富长期保值增值的渠道。

我衷心祝愿每一位投资者谨记风险、投资顺利！

2015 年 4 月 9 日

32

互联互通，迎接共同市场新时代
——写在沪港通开通一周年之际

转眼之间，沪港通已经成功通车一周年了。在两地业界的共同努力和支持下，沪港通在过去一年中运作平稳、交易结算机制不断完善，在此我想向各位业界同仁表示衷心的感谢。

截至 2015 年 10 月底，沪股通额度共使用约 1 420 亿元人民币，占总额度的 47%，成交总金额约为 14 750 亿元人民币，最高单日成交额为 234 亿元人民币（2015 年 7 月 6 日）；港股通额度共使用约 890 亿元人民币，占总额度的 36%，成交总金额约为 7 210 亿港元，最高单日成交额为 261 亿港元（2015 年 4 月 9 日）。

一些媒体朋友问我，沪港通的成交量并不火爆，你会不会感到失望？记得在沪港通开通第一周，我曾在文章里写道，沪港通是一座天天开放的大桥，而不是一场音乐会，无法用一周或者一个月的上座率来衡量它的成败。相反，它的价值可能需要两三年或者更长的时间才能得到验证。今天，我还是这句话，沪港通成交量并非是我们的关注重点，尤其是在开通初期，运营的平稳和安全才是我们更为关注的指标。在这两项指标上，沪港通给市场交出了一份令人满意的答卷，即使是在今年夏天内地和国际股市暴涨暴跌期间，沪港通这座大桥依然结实稳固，成功经受住了风雨的考验，这一点让我们倍感欣慰。

作为中国资本市场双向开放的一大创新，沪港通以最小的制度成本，换取了最大的市场成效。其本地原则为本、结算交收全程封闭的设计，让两地投资者可以最大限度地沿用自身市场的法律、法规、交易习惯投资对方市场，在监管透明、风险可控的前提下迈出了中国资本市场双向开放的第一步。

我们还欣喜地看到，沪港通的模式为内地市场与其他市场的互联互通提供了有益的借鉴和启发。近期，上海证券交易所、中国金融期货交易所与德意志交易所集团共同成立了中欧国际交易所；连接上海和伦敦两地市场的“沪伦通”也进入研究阶段；这些举措体现了中国推动资本市场双向开放和人民币国际化的强大决心和魄力，预示着一个全面互联互通新时代的到来，同时也意味着，在中国的实体经济崛起为全球具有影响力的经济体之后，金融资源进行全球化配置的时代正在到来。

这是未来市场发展的大趋势，也是历史赋予香港交易所的新机遇。众所周知，金融市场最本质的功能之一就是定价，定价能力是一个金融中心的核心竞争力。过去几十年来，香港已经发展成为亚洲首屈一指的股票定价中心，其核心竞争力就是为各类上市公司定价。沪港通如同一座大桥，首次将香港和上海两个股票定价市场相互联通，同时提升了两个市场的股票定价能力，我们正在不断完善沪港通机制，也在继续为深港通的开通进行各项准备工作，进一步巩固香港作为股票定价中心的竞争力。

下一步，我们将致力于将香港发展成为全球大宗商品的定价中心，进一步提升香港作为国际金融中心的竞争力。

随着中国经济的崛起，中国已经成为全球最大的商品消费者，但由于资本市场尚不发达和开放，中国并未在全球大宗商品市场上获得与其经济实力相匹配的定价权。通过大力培育商品市场和构建商品互联互通机制，香港地区完全可以为内地企业提供国际认可的商品定价工具，帮助中国在全球市场上赢得相应的商品定价权。

2012 年，正是怀着这样的远大梦想，香港收购了全球最大的有色金属交易所——伦敦金属交易所（LME）。如今，中国资本市场开放步伐加快，人民币国际化进程不断深入，为我们创造了更多实现这一梦想的条件。不久前，香港交易所与 LME 签署伦港通合作备忘录。我们的初步设想是，首先在伦敦和香港这两个国际金融中心的期货市场间建一座跨海“大桥”，把 LME 的产品直接“空降”到香港，让香港市场上的投资者可以如同交易香港交易所的期货产品一样方便地交易 LME 产品，两边的产品与流动性相互流通，可以加速香港商品市场的发展，在最短的时间内将香港培育成一个商品定价中心。在未来条件成熟时，香港可与内地市场修建“商品通”大桥，联通两地商品市场的产品与流量。背靠全球最大的商品消费市场，凭借“一国两制”创造的优势和香港人同时熟悉国内和国际市场的独特能力，香港完全有能力再造一个全球商品定价中心！

长期来看，在成为商品定价中心后，我们还有一个更加宏伟的奋斗目标，那就是发展成为一个具全球影响力的货币定价中心。在过去，这是我们想都不敢想的事，因为香港采用的是联系汇率制度，货币政策的独立性有限，也没有主权债券，一直以来都缺乏发展固定收益类产品的土壤。但是，随着人民币国际化进程的不断加速，人民币总有一天将在国际舞台上扮演和美元、欧元一样重要的角色，成为全球通用的贸易、投资和储备货币。人民币国际地位的提升，不仅意味着无数国际投资机构都将增加人民币资产的配置，也意味着人民币作为一种国际货币的定价需求将不断增长，持有人民币资产的海外机构需要管理人民币的汇率和利率风险。作为全球主要离岸人民币中心，香港如果能顺应这个大趋势，大力发展人民币汇率、利率产品，配合在岸人民币市场发展，就可以将香港发展成为未来全球最重要的离岸人民币定价中心。

从沪港通的成功起步，无论是离岸商品定价中心的建设，还是离岸货币定价中心的建设，都离不开内地的巨大流量，离不开香港已具备的国际市场地位，离不开香港与内地市场的互联互通。沪港通的成功为两地市场带来了双赢，也为我们探明了一个可复制、可扩容的互联互通模式，未来，我们将利用这一模式与内地修建更多大桥，不断提升香港的金融竞争力，为内地资本市场的开放与国际化、为香港金融市场的繁荣与发展开创新的明天。

2015 年 11 月 29 日

33

解读深港通

深港通终于要来了！ 2016 年 8 月 16 日，国务院正式批准了《深港通实施方案》，中国证监会与香港证监会也发出了深港通联合公告，显示出中国进一步对外开放资本市场的坚定决心，也为香港交易所的互联互通战略迎来了新的里程碑。

在当天晚上的深港通新闻发布会上，我向大家介绍了深港通的主要特点，传媒朋友已经进行了广泛报道。不过，仍有不少朋友向我询问深港通的细节，大家关心的问题似乎都差不多，因此，我把大家常问的一些问题答案整理出来，谨供有兴趣了解深港通的朋友们参考。

问 一、作为互联互通机制的升级版，深港通有哪些升级之处？深港通对于香港交易所有何意义？

1. **深港通为投资者带来了更多自由和便利**。总额度限制取消是一个重大进步（沪港通的总额度亦已实时取消），虽然目前总额度还有剩余，但对于机构投资者（尤其是海外机构投资者）来说，总额度限制始终是制约他们投资内地股票市场的一大顾虑，取消总额度限制可以让他们更加放心地投资，从长期来看，一定会鼓励更多海外机构投资者参与深港通和沪港通。

2. **深港通为投资者带来了更多投资机会**。深港通下的深股通涵盖了大约880只深圳市场的股票，其中包括约200只来自深圳创业板的高科技、高成长股票，与沪股通投资目标形成良好互补。深港通下的港股通涵盖约417只港股，比沪港通下的港股通新增了近100只小盘股（包括恒生小盘股指数成分股及深市A股对应的H股）。投资目标的扩容，可以满足不同类型投资者的投资需求。

3. **更丰富的交易品种**。除了现有的股票，深港通未来还将纳入交易所买卖基金，为投资者提供更多选择。

需要指出的是，深港通与沪港通采用同样的模式，这一模式最大的特色是以最小的制度成本，换取了最大的市场成效。通过这一模式，两地投资者都可以尽量沿用自身市场的交易习惯投资对方市场，可以最大限度地自由进出对方市场，但跨境资金流动又十分可控，不会引发资金大进大出，实现了最大幅度的中国资本市场双向开放，为两地市场创造了共赢。

对于香港交易所而言，2014 年开启的沪港通是我们互联互通战略的第一步，为我们开创了一种全新的资本市场双向开放模式，今日的深港通则以实践证明，这种模式是可复制和可扩容的。深港通的推出将是一个质变，意味着我们的“股票通”战略在二级市场层面已基本完成布局。

问 二、既然已经取消了总额度限制，为什么深港通仍然保留了每日额度限制?

深港通下的港股通每日额度为 105 亿元人民币，与沪股通下港股通的每日额度相同。由于内地投资者既可以使用沪港通投资香港股票，也可以通过深港通投资香港股票，深港通的推出实际意味着将现有的港股通每日额度扩容一倍。深港通保留每日额度限制，主要是出于审慎风险管理的考虑。虽然从沪港通目前的运行情况来看，很少有每日额度用罄的情况，设置此限制似乎有些过虑，但在设计这个机制的时候必须从全局考虑，每日额度限制有点像减速器，它的作用主要是在资金流动过于猛烈的时候给市场一个缓冲，稳定一下节奏。

问 三、为什么深圳创业板的股票仅开放给机构专业投资者，香港和海外散户投资者如何投资深圳创业板股票?

在深圳创业板上市的股票通常比在深圳主板和中小板上市的股票市值小，波动性往往也更大，可以说是高风险高收益类的股票。所以深圳创业板在内地也不是开放给所有投资者，而是设有一个参与门槛。为了保护中小投资者，中国证监会有一套完整的投资者适当性管理方法，比如内地投资者在开通创业板投资权限时，必须签署风险揭示书，表示已经充分了解创业板的投资风险。香港目前还没有这样的投资者适当性管理体系，因此，目前可通过深股通买卖深圳创业板股票的投资者仅限于香港的机构专业投资者，不包括香港股票市场上的散户。不过，我相信深港通推出后，香港会有基金公司推出更多投资深圳市场的基金产品，如果有兴趣，香港的散户可以通过购买相关的基金来把握深圳创业板的投资机会，而这也会为香港的业界带来新的发展机遇。

另外，据我了解，香港方面也在研究如何在香港推出适当的风险提示程序，帮助散户认知风险等，未来这样的风险提示程序出台之后，香港的散户或许也可以通过深港通投资深圳创业板股票。

问 四、深港通的推出会否为香港市场带来增量资金？

这问题可从两方面考虑：一方面，由于深港通下的港股通投资范围较沪港通下的港股通更广，多出近 100 只港股，相信会吸引一些对这些股票感兴趣的内地投资者。另一方面，深交所也会加强对港股通的推广和投资者教育工作，随着内地投资者对于港股市场的了解加深，相信港股通将增添活力。

问 五、如何看待 A 股和 H 股价差，深港通的启动是否会缩小甚至消除两地价差？

A 股和 H 股价差的根源，是因为两地市场的投资者在风险偏好和投资理念上有很大差距。内地市场的投资者主要由散户构成，比较情绪化，而香港市场则由机构投资者主导，更加理性和注重价值投资。尽管同一个公司的 A 股和 H 股是同股同权，理论上内在价值应该趋同，但由于两边的股票并不能自由流动和互相替代，套利机制不存在，所以 A 股和 H 股价差才会长期存在，即使在沪港通推出之后。深港通的推出应该无法消除两地价差，但长期来看，因为两边的投资者都有了更多选择，肯定会有助于缩小两地价差。

问 六、深港通是否会增加 MSCI 指数纳入 A 股的概率?

中国已经是世界第二大经济体，中国内地的 A 股将来一定会被纳入国际主要指数，只是早晚的问题。深港通的推出，将为海外投资者开放更多内地股票市场，尤其是总额度的取消将给他们带来更多投资自由和便利，一定有助于推动国际主要指数编制机构未来将 A 股纳入这些主要指数。

问 七、你怎么看市场对于深港通公布的反应?

如同我在沪港通开通时所说，沪港通和深港通都是一座天天开放的大桥，而不是一场音乐会，它的价值可能需要两三年或者更长的时间来检验。作为一项创新的互联互通模式，沪港通和深港通着眼于长远和未来，其升级和完善将是循序渐进和持续的。短期市场的波动主要取决于投资者的情绪变化，我们无法也无意预测，但是我坚信，长远来看，互联互通机制一定会给两地市场都将带来十分深远的影响。

问　八、深港通未来是否还会延伸和扩容？互联互通下一步还有什么计划？

可延伸和可扩容是深港通模式的一大特色，比如，深港通未来将加入 ETF 这一新的投资品种，我们预计有望在深港通运行一段时间后加入。之所以需要等待一段时间，主要是因为沪深港三个交易所在 ETF 的清算交收和 ETF 与股票的互换上有不同的机制，所以三个交易所和两地监管者需要共同研究相关细节，希望能够尽快推出。

此外，不断完善沪港通和深港通的交易机制也是我们的一项重要工作，未来我们还将继续与两地监管机构和中介机构紧密沟通，尽量优化假期安排和做空机制，减少互联互通机制休市的时间，为广大投资者提供更多便利。

深港通和沪港通都属于股票通，我们相信，在不久的将来，这个模式可以延伸到更多资产类别，比如债券通和货币通，为境内外投资者和两地业界带来更多机遇。

2016 年 8 月 21 日

34

迎接互联互通 2.0 时代
——写在深港通开通前夕

2016 年的 12 月 5 日注定将是一个特殊的日子，因为我们翘首以盼的深港通在那天就要开通了！如果说 2014 年开启的沪港通是香港交易所互联互通机制的 1.0 版本，为我们开创了一种全新的资本市场双向开放模式，那么深港通将引领我们进入互联互通 2.0 时代。香港交易所通过与深圳证券交易所、上海证券交易所的互联互通，共同搭建起一个总市值 70 万亿元人民币的庞大市场，为内地和海外投资者提供了更多选择。

我衷心感谢各位同仁和朋友们的大力支持，因为你们的辛勤努力，我们的互联互通机制才能不断完善和壮大，迈入 2.0 时代。

问 一、与 2014 年开启的互联互通 1.0 时代相比，互联互通 2.0 时代有哪些优化和升级之处？

1. **交易机制更加便利**。总额度限制取消免除了机构投资者的后顾之忧，将鼓励更多机构投资者（尤其是海外机构投资者）参与沪港通和深港通。我们去年推出的特别独立户口（SPSA）服务，允许投资者在卖盘执行后才将卖出的股票转移到经纪商进行交收，大大降低了海外机构投资者通过沪港通和深港通投资 A 股交收过程中的对手方风险，更加方便基金公司的参与。

2. **投资者准入不断扩大**。沪港通刚刚推出时，内地基金公司和保险资金还不能使用这一投资渠道。在过去几年中，我们欣喜地看到，中国坚定不移地推进资本市场双向开放：自 2015 年开始，内地基金公司获准使用港股通，如今它们已经成为港股通投资者的重要一员；保险资金也在今年获准参与港股通，香港交易所一直与中国保险资产管理协会和主要的保险资产管理机构保持密切的联系，许多内地保险公司都对港股通表现出了浓厚的兴趣；这些进步显示了内地监管机构对沪港通作为内地资金海外资产配置重要渠道的信心，相信在不久的将来，有更多机构投资者会选用港股通作为海外投资的渠道。

3. **投资目标扩容**。深港通下的深股通将为海外投资者开放一个全新的市场——深圳股票市场。作为中国的创新之都，深圳聚集了很多高成长的创新企业，深股通涵盖的大约 880 只深圳市场的股票，将与沪股通投资目标形成良好互补。深港通下的港股通涵盖约 417

只港股，比沪港通下的港股通新增了近100只小盘股（包括恒生小盘股指数成分股及深市A股对应的H股）。投资目标的扩容，可以满足不同类型投资者的投资需求。内地投资者资产配置国际化和多样化的需求巨大，因此，我们对于港股通的未来充满信心。

当然，北上深股通的投资目标扩容较南下港股通更加明显，南下目标扩容带来的增量有限。深港通与沪港通下的港股通分别连通内地两大不同的交易所，是两条平行的信道，并不能互通，自沪港通下港股通渠道买入的港股必须经原路卖出，不能经由深港通卖出。因此，我们预计深港通开通初期，南下的港股通不会迎来很大的增量，短期内可能会远少于北上深股通和来自上海的港股通增量。

4. 未来将会纳入ETF（交易所买卖基金）。除了现有的股票，互联互通机制还将把ETF纳入投资目标。中国投资者投资海外股票的需求越来越多样化，例如他们可能希望投资美国的生物科技股、中东的能源股、德国的制造业股票、南美的矿业股、澳洲的农业股等品种。目前，香港的股票市场还不可能吸引所有的海外公司都来香港上市，但是我们的“货架”上有来自世界各国的ETF产品，南下投资者可以通过这些ETF来投资世界各地不同类型的股票。

当然，由于两地现有市场结构、银行间资金清算和交易假期安排等方面均存在较大差异，互联互通要纳入ETF面临诸多挑战，执行起来并不容易。但因为其战略意义非凡，我们一定会全力以赴，争取尽早纳入ETF。

问　二、互联互通 2.0 时代意味着什么？

对内地投资者而言，坐在家里投资世界。互联互通意味着他们足不出户就可以通过本地券商、按自己的交易习惯投资海外市场，进行多元化的资产配置。

对于国际投资者而言，坐在香港投资中国。互联互通意味着他们可以坐在家里按照国际惯例、通过国际券商投资内地市场，分享更多中国经济成长的机遇。

沪港通和深港通的交易模式以最小的制度成本，换取了最大的市场成效。两地市场存在巨大差异，而这种差异短期之内不可能消除。沪港通和深港通采用了“本地原则为本，主场规则优先”，这样投资者可以在自己熟悉的环境下交易对方市场的股票，但同时遵循对方市场的一些特殊规则。在互联互通的过程中，投资者、业界和监管机构都就对方市场的运作和文化有了更加深入的接触和认识，双方市场在互动的过程中，会发现有可以相互学习和借鉴的地方。毫无疑问，这将推动两地市场的共同变革和进步。同时，沪深港三地市场因为投资者群体、交易和结算体系等的差异，市场运行的差异会在较长时期内存在，这恰恰赋予了广大投资者更多的选择，他们可以充分运用他们的智慧，进行更为多样化的投资。

对于香港而言，互联互通 2.0 也有着十分重要的意义。

从整个中国资本市场开放的进程来看，在不同的发展阶段，香港始终发挥了十分重要的作用；20 多年前，香港把握住了中国改革开放的机遇，为内地企业筹集资金，并成功转型为一个国际金融中心。

20多年后的今天，互联互通的不断延伸为香港资本市场的发展提供新的动力，让香港的国际金融中心地位更加巩固。一方面，海外投资者可以通过香港投资更广阔的中国市场；另一方面，内地投资者也可以通过香港迈出海外投资第一步，令香港市场的财富管理功能更加强化。不难预见，香港市场的筹资能力和发展条件也会因此而提升。

换句话说，过去是内地的“货”在香港地区，世界的钱来香港买内地的“货”。互联互通时代将会带来巨大的变化：今后世界的钱到了香港，经过香港这一跳板买内地的“货”，然后内地老百姓的钱到香港买世界的“货”。这意味着香港将来的作用和任务，就是把世界的“货”带到香港来，让中国人在家里投资世界。香港将从中国的集资中心，发展成为中国的国民财富国际配置中心，国内外的资金和金融产品都将因此汇聚在香港，这样香港就不可能边缘化。

问　三、互联互通是权宜之计，还是具有长久生命力的市场机制？

互联互通最大的生命力在于，它解决了一对似乎不可能解决的矛盾：既要交易便利，又要风险可控。

由于互联互通机制采用本地市场原则，投资者交易对方市场的股票很方便，如同交易本地市场的股票一样自由。但是，结算交收的死循环设计，可以保证买卖对方市场股票的资金最后都原路返回，而不会以其他资产形式留存在对方市场，巧妙地实现了风险的全面监控，赢得了监管机构的信任。

有的朋友也许会问，在中国资本项下完全开放以后，监管机构不再管控资金流动的风险，互联互通机制会不会马上失去生命力？

即便资本项下完全开放，市场仍然是由具有不同风险偏好和投资需求的投资者构成的。无论是北上还是南下的投资者，大致都可以分为三种，我把他们分别比喻作研究生、大学生和中学生：有能力、有资源、有渠道、有意愿并早已自行投资海外的好比研究生；无论是否开放都对境外市场不感兴趣的投资者好比中学生；而比中学生有较多资金、投资经验，有需要将一部分资产配置在海外却不敢直接投资海外市场的则好比大学生。

互联互通就像是一所大学，一些大学生将毕业成为研究生，但又有一部分中学生会成长为大学生，而沪港通与深港通正好为这些大学生提供了一个方便的境外投资渠道。尽管中国资本市场会越来越开放，但不同市场的交易制度和文化的巨大差异不可能一下子完全消失，因此针对大学生群体而设立的互联互通机制将长期存在，并为更多中国投资者提供资产配置的解决方案。

问 四、在互联互通 2.0 时代之后还有哪些发展目标?

在互联互通 2.0 时代，我们的“股票通”战略在二级市场层面已基本完成布局。接下来，我们会进一步优化“股票通”，并按照既定规划将这一模式延伸到更多资产类别，例如 ETF、新股、商品、债券等等。我相信，在不远的将来，我们将会一起书写互联互通新篇章、迎来互联互通 3.0、4.0、5.0 时代！

2016 年 12 月 1 日

第四部分

共同推进人民币国际化

人民币国际化之于中国有如“养儿子”：不能不养，又不能急于获得回报，而且要花钱、费力、担风险。香港在初始阶段可以成为人民币国际化的“幼儿园”，让这个“儿子”快速成长，成为他日后走出国门的第一站。

35

“养儿子”与“幼儿园”
——关于人民币国际化的再思考

2010 年 7 月至 2012 年年初，香港离岸人民币市场得到了飞速发展：自香港人民币存量从 1 000 多亿元增长至 6 200 亿元，人民币贸易结算总额则增长了近 15 倍。人民币国际化大大提速，步伐快了，思路广了，措施多了。

与此同时，国内外关于人民币国际化的讨论也日趋热烈。特别是在 2011 年下半年，由于离岸人民币存量的增速有所放缓，离岸人民币市场首次出现贬值预期，各种质疑的声音也开始出现。这些质疑归纳起来主要是围绕着以下几个大问题：

（1）中国在利率、汇率与资本项下管制等顶层设计改革还未完成之前和当前贸易格局之下，是否应该和可能推进人民币国际化？

（2）在现阶段承受人民币国际化的风险与成本值得吗？

（3）在港人民币存量已大部分回流内地市场，香港地区真的能为人民币国际化起到作用吗？人民币国际化又真的能为香港地区带来实际利益吗？

对这些问题，许多学者与业界人士都做过深入的理论分析与实证研究。立场不同，视角不同，支持与质疑的声音并存。这些讨论与争论是正常的,而且对推动人民币国际化发展是非常必要的。在此，我想以一个更直观与通俗的视角，用“养儿子”和“幼儿园”这样一个比喻来对以上问题谈谈自己的浅见。

中国人有一个传统观念，就是不惜千辛万苦生儿育女来养老，期盼将来儿女成群，颐养天年。人民币国际化之于中国，就好比是“养儿子”的过程：人民币国际化就是让人民币这个“儿子”从体内出生、成长、慢慢走出去，在贸易结算、计价、投资、储备等领域为国际所用。

之所以要养这个“儿子”，是因为中国已经成为世界第二大经济体，而其相对封闭的货币已经开始制约经济的进一步发展，是不可持续的。反观美国，虽然开始陷入长期结构性困境并显现出没落迹象，但它仍然是欧债危机告急时国际资本的避险地。为什么？就是因为美国有美元这个“儿子”养老。无论美国的债权国有多么不愿意，短期内也无法实现资产的“去美元化”。而美国完全根据自己的宏观经济需要所制定的货币政策会挟持整个世界经济格局。所以说，美国今天的霸主地位与它有一个主导国际货币体系的美元“儿子”直接相关。中国若要实现获得更大的政治经济话语权这一长期目标，就需要让人民币更加积极地参与到国际货币体系中。也就是说，中国已经到了必须考虑养儿育女的时刻。

只有在这个长期目标的大框架下，我们才能认清人民币国际化的必要性、可行性与长期性，并以平常心来看待“养儿子”过程中可能遇到的挫折与所需承担的风险与成本。下面我对前述提到的3个问题作简要的回答。

问 一、中国在利率、汇率与资本项下管制等顶层设计改革还未完成之前和当前贸易格局之下，是否应该和可能推进人民币国际化?

我的答案是肯定的。

中国30年来的改革开放从来就不是一个自上而下、逻辑完整、计划周全的进程。无论是20世纪80年代的价格改革、所有制改革，90年代的资本市场发展，还是过去10多年的金融体制改革，都是冲破现有体制制约，突破传统思维，在缺乏完善的经济学理论支撑下，在充满矛盾的体制中，由市场力量推动、自下而上地逐步摸索展开的。

尽管中国当前尚未完成利率、汇率与资本项下管制等顶层设计改革，但是，顶层设计改革不应成为人民币国际化开始推进的先决条件。这就好比父母的经济条件、工作状况、住房大小不应是生孩子的必要条件一样。如果事事求全，那我们可能永远找不到生孩子的最佳时点。

而且，人民币这个“儿子”国际化是中国经济与市场力量发展至今的必然结果。随着中国财富的聚集、中国经济全球化的提速，封闭的资本项目已经不能适应中国经济发展的需要，这个“儿子”实际上已经到了不生不行的时候。与其争论“能不能生”，不如给予“准生证”，承认它的存在，推动它的发展。

当然，顶层设计的长期缺位会最终制约人民币国际化的进程。长期来看，“小房子”养不出“大儿子”，父母还是要改善基本生活与教育环境，使“儿子”能健康成长。同时，“养儿子”往往也能给父母带来积极的动力与压力，促使他们努力改善“儿子”的成长环境。也就是说，人民币国际化也可以“倒逼”必要的顶层设计改革。

至于说中国结构性的全球贸易顺差是否会使人民币根本不可能国际化，我的看法是：需要动态地、有差别地看待中国贸易结构。

首先，中国今天的全球贸易格局是中国劳动力、土地等要素特点以及市场力量发展、政府宏观货币政策选择等多种因素所致。随着这些因素的变化和互动，中国的贸易格局不会一成不变。特别是在金融危机与欧债危机之后，全球性的经济格局变化和中国经济结构的历史性转型，必然会对持续了20多年的国际贸易结构带来深刻、持久的变化。顺差与逆差之间、升值与贬值之间的动态变化会成为常态。而不断变化的全球贸易结构也会为人民币国际化创造有利条件。

其次，中国贸易在全球各地区内表现并不一样，整体呈现顺差，但对很多区域特别是东南亚国家等新兴经济体保持逆差。人民币区域性走出去是完全可能的。所以说，虽然人民币这个“儿子”刚生下来的时候不可能马上远走高飞，但可以放在身边养。不能因为“儿子”暂时无法独立闯天下而否定他存在的合理性。

有人可能会问，日本与泰国的货币国际化均遭遇失败，中国是否会步其后尘。其实，中国作为世界第二大经济体，人民币由相对封闭走向开放，本来就无先例可循。单纯从经济学、货币学理论出发，讨论其他国家的货币国际化经验与中国的可比性并不一定恰当。我们不应该因为别人家没养出好“儿子”就得出不养“儿子”的结论。我们更应该从别人身上虚心学习经验教训，把自己的“儿子”养得更好。

问 二、在现阶段承受人民币国际化的风险与成本值得吗？

既然人民币这个“儿子”必须养也可以养，我们就要给予充分的营养和呵护，而这肯定费钱、费时、担风险。总结近期对人民币国际化的风险与成本的讨论，主要有以下两点：

(1) 中国在当前贸易顺差的格局下输出人民币会导致外汇储备短期内增长加快以及造成汇兑损失。

(2) 离岸人民币回流可能会降低内地市场货币政策和汇率政策的有效性。

这两个问题的确存在。恰恰就是因为贸易顺差与境外产品匮乏，人民币国际化的初期必须允许一定的资本项下进出，才能使人民币开始境外之“生命”，这是一条绕不开的必由之路。生孩子从来不是一个免费、无痛、简单的过程。

对于风险与成本的讨论，应放在人民币国际化的长期目标这个大框架下来进行。相对于这个长期目标，有一些风险与成本是短期的，有一些风险与成本也不是不可以承担和控制的。最重要的是，我们一旦认清人民币国际化的长期目标，就要坚定信念，勇于承担。

2001 年中国加入世界贸易组织也是经历了数年激烈的争论，我们曾在长期利益与短期成本之间举棋不定。然而，如今“入世”10 多年，在贸易领域开放的带动下，中国经济从当年的世界排名第 6 位晋升至第 2 位。人民币国际化和资本领域的开放是历史赋予中国的下一个重大机遇。尽管中间过程可能充满荆棘，但一旦成功，给中国带来的将是下一个质的飞跃。所以，我们对于人民币国际化也需要持有同样的决心与毅力。

像养孩子一样，我们对人民币国际化还要给予耐心与呵护，而不是一味地求全责备。有观点质疑人民币国际化收效甚微，例如外汇储备不减反增，与初衷背道而驰，甚至由此得出应该暂缓人民币国际化进程的结论。这就犹如责备一个 3 岁的儿子一事无成一样。人民币国际化是一个长期过程。人民币成为被广泛使用的国际投资货币可能需要大约 10 年；而人民币从投资货币发展为重要储备货币则需要更长的时间。如果我们过早地对人民币国际化的效用抱有不切实际的期望，反而会阻碍它的发展。

总而言之，我们要养好人民币这个“儿子”，就得接受在中短期内成本可能会大于利益这个现实，并做好在未来较长一段时间持续供应营养、提供教育的准备。从怀孕、分娩到养育，这一过程是一个充满艰苦、困难与挑战的过程。成本和风险是不可避免的，但我们不应该因为这些风险和成本而轻易放弃养儿子带来的幸福感、快乐感以及最终养老之益。

问 三、在港人民币存量已大部分回流内地市场，香港地区真的能为人民币国际化起到作用吗？人民币国际化又真的能为香港地区带来实际利益吗？

人民币国际化必然从香港地区开始，因为香港地区拥有“一国两制”的优势，既与内地有密切的政治经济联系和相近的文化，亦有相对独立的法律体制、成熟的金融业与伴生的服务业。香港地区是推行人民币国际化的不二选择。在人民币国际化的开始阶段，香港地区可以成为人民币国际化的“幼儿园”，为其提供安全可靠的试验场所。

近期，香港地区人民币存款在经历一年多的飞速增长后出现放缓的趋势。而且，由于缺乏丰富的离岸人民币产品，这些存款绝大部分存放在香港地区的银行体系内，并随即储存到中央银行或投资到内地的银行间债券市场。也就是说，人民币“走出去”后，绕了一圈又回到内地。有人可能会质疑香港这个“幼儿园”意义何在。

尽管大部分香港地区人民币存款以现金形态又回到内地市场，但这些存款是境外居民换汇而来，其属性已经发生变化，已经成为

"香港户口"，持有"特区身份"。今后，境外产品一旦丰富起来，它们就可以"多次往返"、自由出入了，也就是国际化了。就像养孩子一样，上"幼儿园"时是每天接送回家，上中小学时住校就周末回家，上大学时就可能只是寒暑假回家，大学毕业工作后就常驻海外，节假日再回家——这是发展之必然。今天，香港人民币直接回流是因为离岸人民币产品匮乏，而不是"儿子"没出息。今后，一旦离岸人民币生态环境建好了，国际对人民币的信心提高了，境外人民币自然就可以在海外留得长久一些了。这也是为什么香港交易所努力推动人民币股票在香港加速发展。日后，香港交易所还将积极推动人民币利率与汇率产品以及商品衍生品市场的发展，以进一步扩大离岸人民币的使用范围。

在港人民币的形式至今主要是替换存量港币，当了人民币国际化的"幼儿园"，并未为香港地区的金融带来实际增量活动、额外收入或直接利益。也有人发问：香港忙活这一圈又有什么意义呢？我个人认为，这个意义可大了，既有短期的，也有长期的。

短期来看，利益是无形的，并不一定与人民币国际化直接相关。香港地区由于为人民币国际化办了"幼儿园"，在国家发展的最重要时刻贡献了巨大的与不可替代的价值，自然也会在许多方面取得国家有形或无形的政策支持。比如，中央政府与香港特区政府签署了《关于建立更紧密经贸关系的安排》（CEPA），在这一协议框架下，内地与香港地区金融合作更紧密、市场相互开放提速、鼓励内地企业来港上市等。

长期来看，香港地区一旦成功办好人民币国际化的“幼儿园”，随着人民币国际化的深化，就可以进一步办人民币国际化的“小学”“中学”乃至“大学”。人民币国际化最终从香港地区“毕业”走向全球，香港地区就变成真正意义上的人民币离岸中心。日后，即使人民币国际化走遍全球，但第一站永远在香港，海外的“家”也永远在香港。纵观今日伦敦，这一大西洋上的英伦孤岛，仅有800万人口，却能成为傲立全球的金融中心，其核心竞争力就是成为全球美元的离岸中心，其离岸美元交易量已超出在岸美元的交易量一倍有余。同样地，香港没有理由不成为当之无愧的人民币离岸中心。因此，今天办这个“幼儿园”对香港来说，商机无限。

结语

人民币国际化的长期目标是为了重建国际货币体系，使中国获得更大的政治经济话语权。认清了这个长期目标，对其过程的长期性与所要付出的成本和代价就会有所准备，多份理解。人民币国际化之于中国有如养儿子：不能不养，又不能急于回报，而且要花钱、费力、担风险。香港地区可以成为人民币国际化的“幼儿园”，让这个“儿子”快速成长，成为他日后走出国门的第一站。

人民币国际化的规模可以大一些或小一些，但绝不能没有；速度可以快一些或慢一些，但绝不能停下来；温度可以热一些或冷一些，但一定要保证健康成长。

2012年1月3日

36

场外结算公司：拓展新资产业务的重要一环

2013 年 11 月 25 日是个值得庆祝的日子，香港场外结算公司正式开业，为香港交易所的长远发展迎来了一座重要的里程碑。场外结算公司专门负责场外衍生产品交易结算，可能未必引起普罗大众的关注，但对于我们来说，这却是实现香港交易所集团长远战略目标的重要一步，也是助力香港成为综合性国际金融中心的重要举措。

我们发起成立全新的场外结算公司，既是为了迎接监管环境的变化，也是因为业务发展的需要。从监管角度看，2008 年的全球性金融危机将场外衍生产品市场的种种问题暴露无遗，例如交易对手风险、透明度不够、市场实际亏损金额和亏损方不明朗等问题一一浮现。危机过后，20 国集团认识到场外衍生产品市场的规模日渐壮大，必须加强监管，于是要求所有标准化的场外衍生产品合约必须经中央对手方结算，以降低整个金融体系的系统性风险。这为包括香港交易所在内的全球交易所和市场基础设施建设者们带来了巨大的机遇。

从业务发展的角度看，香港交易所集团的长远目标是发展成为亚洲时区首屈一指的全资产类别且纵横向整合的交易所，而场外结算公司的成立对于实现这一目标具有十分重要的战略意义。我们早已为香港交易所集团旗下的场内交易证券及股本衍生产品市场设立了自营结算所，可以说，我们为香港市场交易生态圈的所有环节，包括产品、交易及交收，提供服务。如今，我们正在开拓和发展新的市场及资产类别，如定息产品及货币产品，而这些市场则往往涉及许多场外交易。如果要服务好这些市场，为其提供场外结算所可以说是必经之路。

更重要的是，全球市场使用人民币作为结算货币和投资性货币的趋势正越来越明显，为香港这个主要的离岸人民币中心和香港交易所创造了独一无二的机遇。经过近几年的努力，香港已经成为全球首屈一指的离岸人民币中心之一，从基础设施到市场份额都颇具规模。随着人民币国际化进程加快，以人民币计价的衍生产品合约结算业务增长潜力巨大。成立场外结算公司来处理人民币计价合约的结算将有助于发挥我们的优势，进一步提升集团的竞争力，使我们从一众竞争对手中脱颖而出。

不过，正如上文所述，场外结算业务目前仍属相对比较新的市场，许多全球性监管问题仍有待解决。因此，我们预计场外结算公司的业务量将有一个循序渐进、稳步发展的过程。我们今天开始提供的场外结算服务将首先涵盖以下几种产品：港元、人民币、美元和欧元4种货币的货币利率掉期，以及美元/人民币、美元/台币、美元/韩元和美元/印度卢比四种货币对的不交收远期外汇合约，未来会逐渐扩展到其他产品。

值得高兴的是，我们引入了12家创始股东共同参与这项业务，它们大部分是国内甚至世界领先的银行，同时将成为场外结算公司的结算会员。虽说场外结算公司并非一个公众设施（因为它只涵盖某些特定产品、特定服务），但是它也并非创始股东的“专属俱乐部”，这些创始股东只是场外衍生品交易的主要参与者，我们热切期盼更多业界参与者陆续加入。

那么，对于场外结算公司的结算会员，场外结算有何好处？场外结算公司将提供国际风险控制措施、更高的安全性以及更有效的资本配置，而且场外结算公司的费用也相对较低。

对于香港而言，场外结算公司又意味着什么？短期而言，场外结算公司将协助香港市场满足20国集团的监管要求；长远来看，场外结算公司的业务日后有望拓展至更多类别的场外衍生产品结算。此举不仅能为香港留住一些原本可能流失的业务，也有助于提高整个资本市场及银行体系的安全性。

我知道，场外结算公司算是冷门话题。然而，交易所很多最重要的工作环节恰恰是依靠有一群人在背后默默耕耘方能完成，才能确保我们能够保持长远的竞争力。犹如一幅美丽的大拼图由无数个小块组成，每个小块缺一不可，场外结算公司正是香港交易所长远宏伟蓝图中不可或缺的一块。场外结算公司并不是孤立存在，而是成就我们推行定息产品及货币市场垂直整合业务模式的重要一环：它不仅提高了香港市场的透明度，也为重要的场外衍生产品市场提供集中风险管理。虽然场外结算业务的蓬勃发展尚需时日，但我们对其长远潜力保持乐观。

2013 年 11 月 25 日

37

系好“安全带”，迎接人民币双向波动时代

2014 年 2 月，人民币汇率的走势恐怕让不少投资者和进出口商都心跳加速。2 月中旬以来，人民币兑美元汇率连续多天跳水，在短短 3 周之内下跌 1.4%，创下 2005 年人民币汇率改革启动以来的最大跌幅，引发了全球市场的各种揣测和联想。

人民币汇率为何突然走软？这究竟意味着什么？这是很多人都在关心的问题。在我看来，第一个问题其实并不重要，重要的是第二个问题。无论是什么原因导致了人民币汇率过去几周过山车式的走势，有一点是非常确定的，那就是人民币汇率单边上扬的时代已经一去不复返了，管理人民币汇率风险的需求会日趋紧迫。随着人民币国际化的进程不断推进，越来越多国家和地区接受和使用人民

币，参与人民币汇率市场博弈的供求方将日渐增多，人民币汇率的波动风险势必增加。

实际上，在过去几年中，人民币国际化加速的迹象十分明显，人民币早已不是只在中国流通的货币。国际清算银行调查报告显示，2013 年人民币在全球的交易额已经排名第 9 位。香港地区的人民币业务发展尤为迅猛，人民币存款和结算金额均出现激增。2010 年，香港地区的人民币存款总额还仅有 600 多亿元，2014 年 1 月已经增加至 8 930 亿元。香港银行自 2009 年开始接受人民币贸易结算，在短短几年内，经香港处理的人民币贸易结算总额已经攀升至 2013 年的 3.8 万亿元。

随着人民币越来越普及，伦敦、新加坡及中国台北等地区近期也争相发展人民币产品，有意转型为离岸人民币中心。香港地区在几年前就未雨绸缪，早早做好基础设施方面的配套，抓紧人民币国际化带来的机遇。以香港交易所为例，我们在 2011 年已开通人证港币交易通，以方便企业在香港地区以人民币发行股票；2012 年我们推出了全球首只人民币可交收货币期货合约。目前，在香港交易所旗下市场交易的人民币计价产品已经达到 112 只。

今天，我们早期所做的准备工作已初见成效，最明显的例子就是人民币货币期货。自 2012 年推出以来，香港交易所的人民币货币期货成交量和持仓量一直稳步增长。2014 年 2 月，人民币货币期货的日均成交量创下了 1 461 张合约（名义金额为 1.46 亿美元）的新高，较 2012 年的日均成交量增长 5 倍。2 月 25 日，人民币货币期货的成交合约张数创下了 5 970 张（名义金额为 5.97 亿美元）的最高纪录。与此同时，人民币期货未平仓合约数量也增长了 6 倍多，在 2 月 14 日创下了 23 887 张（名义金额为 24 亿美元）的新高。随着越来越多投资者意识到人民币汇率不再只涨不跌，他们管理外汇及利率风险的需求将与日俱增，尤其那些以人民币进行结算或投资业务的公司。

2013 年 11 月，党的十八届三中全会明确提出了“让市场在资源分配中起决定性作用”的改革思路。具体落实到金融改革方面，中国将完善人民币汇率市场化形成机制，加快实现人民币资本项目可兑换。我们预计，未来数月内人民币的国际化进程将进一步提速。对于我们来说，这既是机遇，也是挑战。在人民币离岸业务的竞争中，要想持续领先，我们就必须与时俱进，提供满足市场需求的多种风险管理工具。

因此，我们最近正在筹备多项工作计划。例如，在收市后期货交易时段新增人民币货币期货交易，近期已获香港证监会批准，预计在 4 月 7 日即可推出。开通这一时段的人民币货币期货交易，有助于欧美洲的投资者利用这一产品管理人民币汇率风险。

而且，我们正在研究延长人民币期货的合约期，以方便投资者做更长线的风险管理。日后还计划将合约期延长至超过 16 个月，推出人民币货币期权，以及进一步延长收市后期货交易时段。另外，我们日前宣布推出内地市场数据枢纽，这是我们在内地市场的首个基础设施据点，目前会先向内地市场的客户提供指数和证券市场数据，稍后将再加入衍生产品市场数据。

最后，我们在人民币业务方面的准备工作已延伸至场外交易的衍生品领域。2013 年我们推出了场外结算公司，场外结算公司现已开始为单一货币利率掉期合约、单一货币基准掉期合约、不交收利率掉期合约及不交收远期外汇合约进行结算，在另一领域为投资者管理人民币相关汇率、利率风险提供服务和支持。

多年以来，人们一直认为人民币被低估了。自 2005 年中国启动人民币汇率改革以来，尽管人民币汇率偶有波动，市场一直预期人民币将持续升值，几乎没有贬值的风险。但是，2014 年二三月的市场走势确实给我们上了一堂生动的风险教育课——没有什么是恒久不变的，人民币汇率不可能只涨不跌。

在人民币汇率双向波动的时代，所有人民币使用者和投资者都需要系好“安全带”，做足汇率风险管理。我们的人民币货币期货产品恰好为这类风险管理提供了工具。我们已经朝正确的方向踏出了第一步，但这还远远不够，随着人民币逐渐走向海外，市场需要更加丰富的人民币计价产品。未来，我们将继续努力，锐意进取，密切关注市场需求，准备好迎接人民币国际化带来的各种机遇。

2014 年 3 月 9 日

38

丰富产品组合，满足未来市场需求

作为资本市场双向开放的一大创新，沪港通不仅为沪港两地市场带来了新鲜的流动性，也将潜移默化地改变两地市场的生态和投资需求。

在沪港通平稳运作一周年之后，我们不断思考如何根据市场需求完善沪港通配套设施。此外，为迎接合格境内个人投资者境外投资（QDII2）试点带来的机遇，我们也在大力丰富资产类别，为内地投资者进行全球资产配置提供更多选择。

我们总结了港股通下南向投资者的交易情况与经验，从中选出港股通交易最活跃的股票，新增了 34 只股票期货，拟分两批于 2015 年 11 月 30 日及 12 月 7 日推出。两批期货合约推出后，将覆盖港股通下约占 60% 交易量的股票，香港市场股票期货合约的数量也将由 37 只扩容至 71 只，为广大投资者提供更加丰富的选择。

相对股票而言，股票期货能为投资者创造更高的资本效率。如果使用得当，股票期货也能为投资者提供更灵活的交易策略以及更全面的风险管理手段。当然，任何一种衍生产品都具有高杠杆和高风险的特征，投资者在参与前应仔细研究合约，并对自己的风险承受能力有一个清楚的认识。我们也将与期货经纪商一起陆续推出多项投资者教育活动，帮助投资者了解这些新产品。

我们相信，随着南向投资者的增多，市场对于管理股价波动风险的需求将与日俱增。不过,新产品的发展和市场培育往往需要时间，因此我们将以长远的眼光来培育和发展这一市场，而不会在意市场的短期表现。

此外，继 2014 年推出首批金属期货小型合约后，我们还将于 2015 年 12 月 14 日推出第二批伦敦金属期货小型合约，包括伦敦镍期货小型合约、伦敦锡期货小型合约及伦敦铅期货小型合约。

自 2012 年收购伦敦金属交易所（LME）以来，我们一直在丰富自己的产品线，尤其是加快发展股票以外的其他资产类别产品，希望能够成为中国客户走向世界以及国际客户进入中国的首选全球交易所。

我们深知，无论是此次新增的 34 只股票期货合约，还是伦敦金属期货小型合约的扩容，都只是我们迈出的一小步，未来我们还将不断聆听市场的声音，大力开发各种衍生产品、固定收益类产品以及商品类产品，及时满足市场需求，提升香港地区作为国际金融中心的竞争力。

2015 年 11 月 29 日

39

再谈系好人民币汇率“安全带”

2016年的第一周，人民币兑美元汇率的急跌让很多人心惊肉跳，不少做贸易的朋友焦急地问我该如何对冲汇率风险。就连我的助理都开始心神不宁了，因为过去几年她把自己很大一部分的储蓄由港元换成了人民币，闭着眼指望人民币升值。

他们之所以如此措手不及，皆因过去十多年来人民币几乎一路升值，所以很少人会考虑人民币贬值的可能性，更没有养成主动管理汇率风险的习惯。我曾在《系好“安全带”，迎接人民币双向波动时代》这篇文章中写道：“人民币汇率单边上扬的时代已经一去不复返了，管理人民币汇率风险的需求会日趋紧迫。”今天来看，这一趋势已经十分确定，随着人民币国际地位的提升，人民币汇率形成机制将更加市场化，双向波动将成新常态，所有人民币使用者和投资者都需系好“安全带”，做足汇率风险管理。

为什么这么说呢？首先，央行推进人民币汇率市场化改革的决心十分坚定，近几年来，央行已经不断放松人民币汇率管制，放宽人民币汇率波动区间。既然要由市场在资源分配中起决定性作用，由市场供需来决定人民币汇率，人民币汇率势必双向波动。纵观国际，任何一种汇率市场化的货币都是有升有贬，人民币自然也不能例外。就像我们要适应美元、欧元、日元等国际性货币的大幅波动一样，对于人民币，我们也应该习惯这样的新常态。在金融市场上，汇率风险并不可怕，可怕的是完全不进行风险管理。

其次，人民币不断国际化，越来越多国家和地区开始使用和持有人民币，参与人民币汇率市场博弈的供求方日渐增多，人民币汇率的波动必然更加灵活。2015 年 11 月 30 日，国际货币基金组织宣布从 2016 年 10 月 1 日起将人民币纳入特别提款权货币篮子。这象征着国际货币基金组织对人民币国际化进程的一种认可，也意味着未来主要中央银行和投资者需要逐步增加对人民币资产的配置。

最后，在此前的多次人民币汇率市场化改革中，央行一再强调人民币汇率不再紧盯美元汇率，而要保持对一篮子货币在合理均衡水平上的基本稳定。2015 年 12 月 11 日，中国外汇交易中心首次发布根据人民币兑 13 种外币汇率加权平均计算得出的中国外汇交易中心（CFETS）人民币汇率指数，意味着观察人民币汇率不能再只看人民币对任何一种货币的汇率了。央行的意思很明显：作为一种国际化程度不断提高的新兴市场货币，人民币有责任保持币值基本稳定，但是没有义务对某一种货币保持汇率稳定，人民币已经长大，今后不会再追随美元或者其他任何单一货币的步伐，准备要秀自己的独立个性了！这也预示着尽管未来人民币兑一篮子货币的汇率保持基本平稳，但是兑美元的汇率弹性很可能会超出我们的预期，管理人民币兑美元汇率风险的需求将格外迫切。

对于香港而言，在人民币国际化的大背景下，人民币汇率双向波动不仅带来了挑战，也带来了全新的历史机遇。人民币升值的时候，香港可以大力提供人民币计价的各种资产，因为升值有利于持有人民币资产；当人民币汇率贬值时，香港可以大力提供各种人民币债务产品，因为贬值有利于人民币的借债方，我最近看到不少公司在压缩美元债务、增加人民币债务，这是市场在人民币贬值阶段的必然反应；与此同时，作为全球最大的离岸人民币中心，香港可以大力发展人民币汇率、利率产品，这样不仅为人民币国际化提供了更多样化的动力，还可以完善香港的人民币生态圈，成为未来全球最重要的离岸人民币定价中心。这几天，离岸人民币价格波动比在岸市场更剧烈，这首先表明离岸市场更需汇率风险管理，同时也表明离岸市场上人民币计价产品的深度和多样化发展得远远不够，以致一个不大的政策变动往往导致离岸市场过大的波动。

在这方面，香港交易所曾在 2012 年迈出了第一步——推出人民币货币期货，这一产品目前已成为全球交易所市场交投最活跃的人民币期货。近期，由于人民币汇率波动加大，人民币货币期货成交量和持仓量均不断攀升，其中未平仓合约于 2016 年 1 月 11 日创下 29 352 张新高，1 月 7 日成交量亦创下第二新高达 6 425 张（名义价值 6.43 亿美元）。

我们深知，这距离满足市场的需求还很远。2016 年，我们会陆续推出一系列人民币汇率类产品，包括与多币种货币配对产品和双币计价的贵金属系列产品，满足更多投资者对人民币汇率的风险管理需求。

最后，再说一次，人民币汇率已经进入双向波动时代。如果你是一位进出口贸易商或者经常借外币的中国企业家，就必须加强汇率风险管理，系好“安全带”；如果你是一位 QFII 或 QDII 基金经理，不系“安全带”的时代已经结束了；如果你是一家通过沪港通进行双向投资的资产管理机构，你恐怕也得时常问问自己：系好“安全带”了吗？别嫌我啰嗦，重要的事情就得讲三遍！香港交易所的“安全带”已经为你们都准备好了！

2016 年 1 月 12 日

40

定息及货币业务“登山三步曲”

光阴似箭，2016 年 5 月我们第三次主办人民币定息及货币论坛。大家都知道，我们的愿景是成为中国国民财富与金融资产的离岸配置中心、定价中心和风险管理中心。要想完成这一使命，香港金融市场就必须要征服股票、大宗商品和货币这三座“大山”。

20 多年前，我们就开始攀登股票业务这座大山，经过多年的历练，我们已经非常熟悉香港股票市场这座大山的地貌，如今已快登顶，未来我们的使命是与国内外其他大山互联、互通和互动。2012 年，我们收购了伦敦金属交易所（LME），开始爬大宗商品业务这座山，如今已经爬到了商品这座大山的山腰，将来的目标是实现国际国内连通、期货与现货市场连通。对于货币业务这座巍峨的大山，我们 2013 年才初见其貌，更因为没有经验，不敢轻举妄动，这几年我们在山脚已完成热身运动，刚开始向上攀登。

可喜的是，三年之间，人民币国际化进程不断深入，人民币汇率、人民币定息和货币产品市场都发生了翻天覆地的变化。

一方面，央行不断完善人民币汇率形成机制，人民币汇率从单边升值进入了双向波动时代。2016 年 10 月 1 日起，国际货币基金组织将把人民币纳入特别提款权货币篮子，意味着人民币将正式成为一种国际储备货币，也意味着未来主要中央银行和投资者需要逐步增加对人民币资产的配置。随着内地市场不断提高直接融资比例（股票和债券市场融资），以及内地债券市场的逐步对外开放，目前已位居世界第二大的人民币债券市场将迎来大发展，不难预见，未来 10 年人民币债券市场规模将增长一倍或两倍。

另一方面，内地企业和投资者“出海”投资的步伐也在加快。内地投资者需要在全球分散投资配置，包括保险公司、养老金等在内的一些内地投资者已经率先关注海外债券市场。不少内地企业在进行海外投资或并购时也需要发行离岸人民币债券，并管理好汇率风险。

这些变化为香港带来了巨大的机遇，也为我们攀登货币业务这座大山带来了难得的天时和地利！说到具体的登山战略，我想大致可以分为三步：

（1）搭平台

（2）发产品

（3）互联互通

搭平台是最基础的准备工作。2013 年，我们专为人民币产品成立了场外结算所，作为一个符合国际监管标准的结算平台，它可以为内地、香港以及海外的机构提供安全便捷的场外结算服务，帮助这些机构更高效地利用资本和降低对手风险。2015 年，场外结算所已经具备了为美元 / 离岸人民币货币互换产品提供结算服务的能力，这一服务拥有广泛的市场需求，在获得监管批准后，我们将很快推出这一场外结算服务。未来，我们还将不断升级和完善场外结算所的服务，为更多人民币定息及货币产品提供结算服务。

登山的第二步是发行人民币产品，要由点及面不断拓展我们的产品线。汇率产品是我们的第一条产品主线，2012 年我们推出了第一只汇率产品——美元兑人民币货币期货合约。自 2015 年以来，我们的美元兑人民币货币期货合约成交量稳步上升，目前已经成为全球市场上最活跃的人民币期货品种。

2016 年 5 月 30 日，我们将推出欧元兑人民币、日元兑人民币、澳元兑人民币及人民币兑美元期货 4 种新的人民币期货，满足更多投资者管理人民币汇率风险的需求。我们还与汤森路透公司签订了合作协议，准备在 2016 年联合推出全球首只可交易人民币汇率指数，综合反映人民币对一篮子国际货币的汇率变化。2015 年 12 月 11 日，中国外汇交易中心首次发布根据人民币兑 13 种外币汇率加权平均计算得出的 CFETS 人民币汇率指数，标志着人民币汇率不再紧盯某一种货币的汇率了。我们即将推出的这只人民币汇率指数，将方便市场更加全面和及时地观察人民币汇率的变化，稍后我们计划推出与这只指数相关的期货及期权产品，为市场人士提供更多管理人民币汇率风险的工具。

除了汇率产品，我们将逐步丰富产品形态，包括在获得监管许可后于2016年推出以人民币及美元计价的双币黄金期货。这一新的双币黄金期货将进一步丰富我们的人民币货币产品线，让炼金商、珠宝商、黄金投资商更好地管理现货与期货，以及人民币与美元两种货币间的差价与汇率风险。

货币产品的另一大主线是利率/信用产品，这条“山路”比较陡峭，很难赤手攀爬。我们准备先从债券现货上入手，利用沪港通的经验探索与内地市场建立“债券通”，丰富香港的定息类现货产品。在建立现货市场的同时，逐步以此为基础向债券指数授权和债券指数期货延伸。在此之后，我们会向债券信用衍生品进发。债券信用衍生品将是登顶货币大山最艰难的路段，走完这一步，我们才算真正征服货币业务这座“大山”。

任何一种货币要成为真正的国际货币，都必须经历国际支付货币、国际投资货币和国际储备货币三个成长阶段。几年前，人民币已经成为一种国际支付货币，并逐渐变成一种国际投资货币。2016年，人民币即将被国际货币基金组织纳入特别提款权货币篮子，正式成为一种国际储备货币。我相信，这将是我们攀登货币业务这座大山的大好时机。登山的过程一定会充满艰辛，但只要坚持下来，爬上山顶，就能看到最美的风景！

2016年5月24日

41

迎接香港债券市场的春天

随着香港交易所与中国外汇交易中心的合资公司——债券通有限公司于2017年6月7日在香港成立，“债券通”开启的步伐越来越近了。“债券通”是中国金融市场的一件大事，因为它开启了世界第三大债券市场对外开放和人民币国际化进程的新时代。“债券通”必将为香港债券市场的发展带来难得的新机遇，巩固和提升香港作为国际金融中心的地位。

与沪深港通类似，“债券通”以本地原则为本，主场规则优先，尽量让投资者在不改变交易习惯的前提下，便捷地参与两地债券市场，两地实行监管合作。

与沪深港通不同，沪深港通同时开通南北向交易，而“债券通”初期先开通“北向通”，即境外投资者经由香港投资于内地银行间债券市场，未来将扩展至“南向通”。沪深港通设有每日额度，“债券通”无额度限制。

由于债券市场的投资者主要是机构投资者，很多参与股市投资的朋友们可能还不太了解债券市场。其实，从全球金融市场的结构看，债券市场才常常是国际资本市场上的“带头大哥”，因为它有一项非常重要的功能，就是为利率定价，央行制定的政策利率通过债券市场传导下来，产生不同期限和风险等级的利率价格，这些利率价格成为人们为股票、房产、大宗商品等其他资产类别定价的基准。

在国际市场上，以债券为主要构成的固定收益类产品是规模最大的资产类别，债券市场的规模远大于股票市场。统计数据显示，截至 2016 年底，全球债券市场总规模为近 100 万亿美元，全球股票市场规模为 67 万亿美元。以全球第一大债券市场美国为例，截至 2016 年年底，美国债券市场余额为 39.4 万亿美元，是当年美国 GDP 总量的 210%。

中国债券市场是世界上增长最快的债券市场之一，在过去 5 年，中国市场以每年 21% 的年均增长率快速发展，目前已经成为仅次于美国和日本的全球第三大债券市场，截至 2016 年年底，总市值达 8.4 万亿美元，仅为 GDP 总量的 75%。无论是参照美国等发达市场的情况，还是根据中国自身的债券市场发展规划，中国债券市场未来还有巨大的发展空间。

而且，中国债券市场的对外开放才刚刚起步，截至 2016 年年底，境外投资者持有的中国债券总值仅为 8 526 亿元人民币，占比约 2%，远低于新兴市场和发达市场的平均水平。2016年，人民币被正式纳入国际货币基金组织的特别提款权货币篮子，占比达到10.92%，这不仅为国际投资者参与中国债券市场提供了新的动力，也提供了一个有趣的参照指标：如果中国债券市场上的境外投资者持有占比上升到10.92%的水平，中国债券市场的开放无疑就大大提升了一步；同时，境外投资者持有占比的上升，也会相应扩大中国债券市场价格的国际影响力，因为这些境外投资者的交易和结算最终都是在中国在岸的金融基础设施完成的，真正能通过吸引外资来提高中国在岸债券市场基础设施的国际参与程度。

从美元、日元等货币国际化的经验来看，一个成熟开放的债券市场往往是大国金融市场崛起的一大标志，也是一国货币国际化成功的基础条件。因为只有当国家具备一定的经济和金融实力后，外国投资者才有信心大规模地投资其债券市场；也只有当外国投资者广泛使用该国货币作为金融市场（尤其是债券市场）上的投资计价货币和储备计价货币时，一国货币才能成为真正的国际货币。

可以说，中国债券市场的成熟和开放，是中国经济和金融实力不断提升的标志，也是助推人民币国际化的“神器”。即将推出的债券通，将创造性地方便更多海外投资者通过香港投资内地债券市场，为内地债券市场的开放和发展迎来一大突破，也为人民币国际化做出重要贡献。

也许有人会问，中国人民银行不是早已向境外机构投资者开放了中国内地银行间债券市场吗，“债券通”还有什么价值？确实，目前海外投资者既可以通过申请 QFII/RQFII 额度的方式投资中国内地债券市场，也可以向中国人民银行备案后直接在内地开户参与内地债券市场，但这种直接进入中国内地债券市场的开放方式主要适用于为数不多但体量巨大的机构，例如央行、主权投资基金和大型金融机构等，它们有足够的人力、财力和经验直接参与在岸人民币债券交易。而“债券通”像沪港通一样，主要是为全世界数量众多但体量较小或对中国了解不多的国际机构投资者服务的，方便他们从海外参与中国债券市场。

过去几十年，香港一直成功扮演着连接中国内地与海外市场的“转换器”。一方面，中国内地债券市场已经是全球第三大债券市场，但交易机制与海外成熟债券市场存在巨大差异，今时今日，让内地债券市场完全照海外市场进行改造是不可能的。另一方面，让广大海外投资者改变长期形成的交易结算习惯，并完全改用内地现行的债券市场交易机制和惯例也很困难。更加现实的解决方案，是为双方提供一个求同存异的转换器，债券通正是这样一个转换器。在此机制安排下，海外机构像投资国际债券一样通过各大国际债券交易平台进行交易，债券的结算和托管则通过香港进行，香港金融管理局旗下债务工具中央结算系统（CMU）将作为债券的名义持有人提供结算服务，中国外汇交易中心与香港交易所共同负责投资者入市及交易服务。

也就是说，直接参与在岸债券市场的交易模式与债券通模式各司其职、互为补充，会长期共存下去。打个简单的比方，能够直接在中国内地开户投资债券市场的大型海外投资机构好比是研究生，而通过“债券通”投资中国内地债券市场的大量海外投资机构则好比是大学生，暂时没有兴趣或能力参与中国债券市场的海外机构是高中生。虽然一些大学生毕业后会成为研究生，但也总有一些高中生会陆续进入大学成为大学生，因此，债券通仍将为连接中国内地市场与国际市场创造独特的价值！

对于香港而言，“债券通”也将为香港金融市场的发展迎来难得的机遇。众所周知，香港过去一直是企业上市融资的中心，股票定价能力很强，但要成为真正有竞争力的国际金融中心，还必须具备为债券、货币和大宗商品等多种资产定价的能力，必须为投资者提供丰富的风险管理工具。由于香港特区政府一贯财政稳健，盈余充沛，香港本地主权债券市场规模一直比较有限。幸运的是，我们背靠中国内地这个高速发展的大市场，可以近水楼台先得月。

如前所述，海外资金将通过香港进入内地债券市场，因此，“债券通”必将为香港带来更多国际“活水”。而且，未来“债券通”开通“南向通”后，内地资金也会投资香港离岸债券市场，推动香港债券市场的发展。这些增量资金进入香港之后，不仅有投资债券市场的需求，也有管理汇率风险和利率风险的需求。通过大力发展人民币货币期货、货币期权、人民币国债期货等定息及货币产品，我们可以为海外资金提供丰富的风险管理工具，让他们更加安心地投资内地资本市场。

短期来看，“债券通”不会给香港交易所带来实时的经济效益，因为债券交易大部分是在交易所以外的 OTC 市场进行。但从长远发展来看，“债券通”将为我们逐步完善包括汇率产品、利率产品和大宗商品在内的香港离岸人民币产品生态圈提供重要的契机。持之以恒，我们就能把香港建设成为国际风险管理中心。

值得欣慰的是，我们几年前布局的一些风险管理产品已经初见成效，例如，人民币货币期货成交不断活跃，目前已经成为国际交易所市场流动性最好的人民币期货产品。2017 年上半年我们推出了人民币货币期权和人民币国债期货试点，下半年还计划推出支持实物交割的人民币美元双币种黄金期货、LME 贵金属合约和人民币指数期货。未来，我们还将不断丰富产品系列，满足市场需求。

当然，新产品和新业务的发展往往需要时日，在刚刚推出时成交一般不会很活跃，债券通开通初期成交量可能也不大。但是，积沙成塔，集腋成裘，我们今天迈出的一小步，也许将会成就明天的一大步。

债券通已经为我们播下了一颗宝贵的种子，让我们共同努力，辛勤耕耘，等待收获的季节！

2017 年 6 月 8 日

第五部分

大宗商品交易市场的突破

香港资本市场传统上是一个股票市场，在过去20年里一直是中国企业首选的海外融资中心。随着中国经济的快速崛起和内地资本市场的开放与发展，香港资本市场的功能也开始逐步转型。在今后的20年里，香港将会发展成为集股票、大宗商品与外汇为一体的全方位国际金融中心。

42

香港与 LME 携手共建商品市场

在距离 2013 伦敦金属交易所（LME）亚洲年会仅 4 个星期的时候，香港交易所与 LME 上下同仁为这个首度在香港举办的盛会兴奋不已，紧锣密鼓地做着各项准备。LME 亚洲年会源于 LME Week，后者是 LME 数十年来的传统盛会，每年 10 月在伦敦举行，全球金属业界佼佼者汇聚一堂，指点金属商品市场的江山。

LME 亚洲年会于 2013 年首次在香港举行，得到了业界的热烈反响和踊跃支持。我们希望这个盛会能够成为本地以至亚洲区内商品市场参与者认识 LME 的良机，也希望为全球金属市场参与者提供一个了解亚洲商品市场发展动向的平台。为了迎接 LME 亚洲年会的开幕，我计划撰写一系列“商品专题”，一来可让大家知道我们发展商品业务的最新情况，二来阐明新业务如何配合香港交易所现有的业务。

对香港而言，商品衍生品交易或许仍是新鲜事物，要发展成功的商品业务更是一项巨大挑战。收购 LME 已让香港在全球商品衍生品市场中占有重要的一席之地。在这里，我想分享一下我们是如何在此基础上进一步发展 LME 业务的，以及如何借力 LME 撬动更大的商机。

简单而言，我们的商品战略主要分为三大目标：

（1）降低参与 LME 业务的门槛与壁垒，特别是对于亚洲参与者而言；使 LME 现有基础金属业务发展得更蓬勃、更快速。

（2）推出及拓展 LME 的新能力和新业务，尤其是进驻香港，将商品交易与结算平台由伦敦延伸至香港。

（3）在亚洲特别是中国发展战略伙伴关系，将基础金属业务扩宽至其他商品。

我们该如何达成这三个目标？再以房子作比喻。在前文中我提到，近年来我们为香港交易所整体业务所采取的投资及战略方针就像为房子加固地基，建立防火墙，搭建新楼层和新平台，装修内部微结构，力求吸引各方宾客的到来。收购 LME 犹如为我们的房子添盖一栋新翼——“商品翼”。接下来谈谈我们是如何整合 LME 这座新翼的，以确保它成为集团整体不可分割的一部分。

LME 这座新翼已有相当完善的“西翼”，也就是以伦敦为本的 LME 已发展成全球首屈一指的基础金属交易中心。虽然 LME 也逐渐发展起亚洲业务，但它尚需要构建一个可与整栋“房子”完全连通的“东翼”，具体需要体现在以下三个方面：

◎ 亚洲（特别是中国）参与者若要买卖 LME 现有产品，会受到伦敦及亚洲的政策限制及其他制约。

◎ LME 基础设施及产品发展能力尚不足以支撑其在亚洲发展成功的、可持续的业务。

◎ LME 尚未与中国商品衍生品市场的主要参与者建立起战略合作关系。

因此，我们第一阶段的战略是改善 LME 现有的亚洲业务。这个阶段并不需要大量财务投资或重整基础设施，而是要让 LME 的交易平台更简便、更容易进入、更能配合亚洲客户的需要。我们的首要工作是制定一个亚洲时区的价格发现机制，更好地服务亚洲用户。这项工作进展良好，希望不日就可以跟大家分享更多详情。除价格之外，亚洲客户进驻“东翼”的第二重门槛是必须在伦敦设有办事处才能成为 LME 会员。针对这个问题，我们正积极研究接纳亚洲参与者的更佳途径。同时，我们也正筹备在伦敦推行人民币结算业务，以及在亚洲拓展仓库网络。我们还要加大力度向亚洲用户推广 LME，而这正是 LME 亚洲年会的目标。

第二阶段的战略就是要构建香港交易所“商品新翼”的基础设施。这个阶段需时较长，并且要花上相当的人力与财力，但将来的回报不仅是财务上的，更是战略意义上的，所以我们认为这是值得的。其中一项重要投资，就是成立 LME 结算所（LME Clear）。目前，

LME 要通过另一家结算所进行结算及交收，换句话说，我们不能完全掌控自己的发展步伐，特别是新产品推出的速度和灵活性。LME Clear 成立后，我们在结算上更加自主，因而新产品推向市场的时间便可缩短，相关收入也归我们所有。从财务方面看，LME Clear 2014 年第三季度一经推出亦可产生可观财务收益，预期很快就可收回建设成本。此外，我们计划将 LME 的信息技术由现行的外判制改为“自营制”，提高效率之余，也希望将 LME 的信息技术变成一项战略资产。最后，我们也会斥资打通香港本地的交易及结算系统，确保商品交易在香港畅通无阻。

说到这里，我们就进入商品业务第三阶段的战略——吸引更多客户。这个战略包括建立跨地域产品相互上市、授权的安排，以及与其他商品市场的主要参与者和机构建立战略伙伴关系。特别是，基于内地市场庞大以及内地市场走向国际的需要，内地商品市场的主体机构将是我们的主要合作伙伴之一。在这些伙伴关系的带动下，我们的发展始于基础金属，但还会进一步延伸至其他商品。现阶段我们在探索发展的产品有焦煤及铁矿等金属相关产品；长远来看，我们希望拓展到软商品和农产品。届时，我们的“东翼”对新旧客户的吸引力将大大提高，使用率自然也将进一步提升。同时，借助我们的“东翼”，我们的战略伙伴可以实现提速国际化、跻身全球商品业前列的愿望，所以我深信这个战略能创造双赢合作并取得成功。

以上是我们发展 LME 亚洲业务的蓝图。对香港来说，这个蓝图究竟有什么意义？我们认为，意义非常重大。因为在这个蓝图里，香港是东西交汇的中心点：投资者通过香港，由内地市场进入国际市场，或由国际市场进入内地市场。虽然细节尚待研究，但在亚洲时区的定价，以至亚洲时区的结算业务，均绕不开香港；而这边厢我们引入的商品种类正日益增加，相信会为香港以至亚洲的投资者及市场参与者带来巨大商机。

2013 年 5 月 27 日

43

提升 LME 亚洲基准价

我在上一篇文章中提到,我们正锐意扩展伦敦金属交易所(LME)的亚洲业务、扩建金属亚洲业务“东翼”的蓝图。今天,我们很高兴宣布其中一项“提升工程”——提升 LME 亚洲基准价的厘定方法。我们希望这类改善措施可以令中国以至亚洲地区的“客人”更容易使用 LME。我想借此谈谈这次提升 LME 亚洲基准价厘定方法的具体内容和背后用意。

我们收购 LME 的一个推动力源自亚洲特别是中国在全球商品市场与日俱增的话语权。虽然 LME 位处伦敦,与亚洲存在较大时差,但透过每天运作 18 个小时的 LME 电子交易系统,LME 的早市与亚洲下午交易时段重合,亚洲区参与 LME 的交易活动逐年递增。亚洲的交易量越高,在亚洲时段发现的价格自然越需要反映亚洲的供求状况。因此,我们有必要好好审视亚洲基准价的厘定机制。不过,在深入探讨前，我想先简单介绍 LME 的商品定价模式，毕竟在香港这还是颇为崭新的题目。

LME 是全球工业金属的主要定价中心，全球有色金属的期货合约交易超过 80% 在 LME 的平台上进行。为金属定价，向来是 LME 的核心功能之一。LME 正式牌价及 LME 收盘价等主要基准价，都是在 LME 交易日的固定时段内，透过位于伦敦的公开喊价交易大厅——交易圈（Ring）进行买卖而“发现”出来。交易圈的公开喊价环节历史悠久，最早可追溯至 1877 年，到今天流通量仍然非常高。

在 LME 平台“发现”的价格用途广泛，既是全球实物交易的指针及基准，也用来计算商品指数以至金属 ETF 等组合的估值。iPad 所用的铝、电线所用的铜，等等，极有可能就是参照 LME 的铝价和铜价进行交易的。此外，LME 的授权仓库网络遍布全球，也有助确保 LME 价格反映全球商品现货的供求趋势。

这个基准定价机制经历多个年代的考验，时至今日一直运作畅顺。另外，近年来中国经济腾飞，已成为世界第二大经济体，产生了庞大的金属需求，目前在全球有色金属市场中已成为最大生产商兼最大消费者，占全球总量约 40%；再加上亚洲其他地区的市场增长，已经直接影响到 LME 的交易模式。近几年，于亚洲时段内，也就是伦敦的大清早，透过 LME 电子交易系统 LMEselect 进行的交易量不断上升。2010 年，于伦敦时间早上 7 点前（亚洲午市时段）透过 LMEselect 成交的交易量较 2009 年成倍增长，促使 LME 为 LME 铝、LME 铜及 LME 锌推出亚洲基准价，向亚洲地区的 LME 用户打开方便之门。我们相信，亚洲基准价可以更准确地反映亚洲时区内的金属供求量。2012 年，于亚洲时段内透过 LMEselect 平台成交的三个月期货交易年增长 13%，促成了今天公告的提升措施。

公告中的提升措施有二：

（1）LME 亚洲基准价的公布时间将作出调整，配合亚洲其他主要商品期货交易市场的收市时间。

（2）LME 将定价时段由 15 分钟缩减至全新的 5 分钟时段，使流通量集中在更短的交易时间内，完善亚洲基准价的发现过程。

随着时间的推移，我相信 LME 亚洲基准价的意义将进一步显现。首先，随着中国大宗商品用户对于为进口工业用金属而对冲国际价格风险的需求愈来愈大，中国参与 LME 的程度将有增无减。再加上预期亚洲区内 LME 会员数目将不断上升，LME 亚洲基准价的重要性将与日俱增。另外，在我们为亚洲用户度身研发新产品时，也能够以 LME 亚洲基准价作为这些产品的定价基准并用于结算。所有这一切，都是 LME 修整“东翼”业务的有机部分，目的是要加强 LME 对亚洲用户的吸引力。

提升 LME 亚洲基准价只是 LME 迈进亚洲的重要一步。未来我们将继续与 LME 的用户携手并肩，协助他们进一步拓展在中国内地以至亚洲其他地区的业务；同时不断以创新的方式服务于亚洲区内大宗商品用户，更好地满足他们实物交易与风险对冲活动的需要。

2013 年 6 月 3 日

44

LME 成交量持续上升的由来

伦敦金属交易所（LME）最近的公告指出 LME 的成交量一再刷新纪录：2013 年 5 月的合约成交张数打破了一个月前才创下的历史高位。相比 2012 年 5 月，2013 年 5 月铝成交量上升 7%，铜上升 10%，锌上升 13%，镍上升 19%，铝的成交量更是大增了 30%。

我们正在实施计划将 LME 业务拓展至亚洲及全球，这消息对于我们来说的确是个好兆头。那么，究竟是什么在推动着 LME 成交量上升？何以商品价格下滑，成交量却不跌反升？

首先，影响 LME 成交量的因素其实会随着时间而改变。一直以来，金属业界均借助 LME 来管理金属价格波动；他们进行远期销售时所订立的传统合约往往是按固定价格交易，因此交割前往往涉及价格变动的风险，也为此需要对冲。事实上，这正是 135 年前驱使

LME 成立的主要原因。及至现在，许多公司都会商定以交割月份的 LME 现货平均价作为交割价，由于买卖双方均难以预测将来的价格，结果双方都要为在交割时可能出现的不利价格进行对冲，这时候也得用上 LME 合约。随着现今监管尺度大大收紧，加上银行和股东纷纷施压要求减低信贷风险，促使更多公司采用 LME 合约进行对冲，我们相信这方面的业务还有进一步增长的空间。

其次，金属一直被其他市场人士视为可以对抗通胀的工具。在低息环境中,金属提供了一个可能会带来额外回报的投资机会。而且，由于发展中国家往往需要耗用金属来发展基础设施及制造业，市场亦往往视金属为相当于投资中国及其他金砖国家的工具。

此外，电子交易在推动成交量增长方面所发挥的作用也越趋明显。透过 LMEselect 系统进行的电子交易持续增长，也令电子交易量占 LME 总成交量的百分比与日俱增。

以上种种因素都是 LME 成交量近年来长期保持增长的原动力。近期商品价格波动加大，LME 成交量的升势还更凌厉。

的确，近期商品价格下跌，LME 成交量不跌反升。这一点对习惯股票市场的投资者来说可能有点费解，但实情是金属价格下跌对 LME 的影响，与股票价格下跌对股票市场的影响并不是同一回事。这里我试着解释一下。

在股票市场，每日成交高低很受市场气氛牵动。例如，市场转为熊市，想投资的人可能就减少，成交量也就下跌。不过，LME 的金属交易却截然不同。交易员和投资者若认为当前价格太高，预期日后价格会下跌，他们就会出售期货，若认为价格偏低，就会买入。换言之，无论 LME 金属的价格是升或跌，对 LME 来说都是商机。另外，市况波动，从事生产、航运和制造业的公司自然更需要运用 LME 期货合约进行对冲。这是推动成交量上升的其中一个主因。

在我们着手开展 LME 业务计划之际，就看到 LME 成交量一再创新高，对我们来说是莫大的鼓舞。我们的长远目标，是将 LME 的业务进一步商业化、引入来自亚洲的新会员、推出新产品，以及建设自家营运的结算平台。随着我们按部就班落实各项计划，我深信 LME 的庞大潜力将一一展现。

2013 年 6 月 13 日

45

为什么 LME 要在亚洲设立核准仓库

在 2013 年伦敦金属交易所（LME）亚洲年会开幕前夕，我们不仅密锣紧鼓地筹备盛会，对于 LME 的其他工作也毫不松懈。例如，我们在 2013 年 6 月 17 日宣布了 LME 董事会已认可中国台湾高雄港作为交割地点，也就是说高雄的仓库今后可以申请成为 LME 的核准仓库。中国台湾高雄是亚洲第 9 个获 LME 认可的交割地点，其他地点分别位于新加坡、马来西亚、韩国及日本。

为什么高雄及其他亚洲地点的仓库对 LME 如此重要？虽然大部分期货合约都不会持仓到交割，而是在合约到期之前已经平仓并以现金结算，但是 LME 的仓库网络正是 LME 在金属业界中的价值核心所在，它确保了 LME 期货合约的价格始终与现货挂钩。在进一步阐释之前，我先说说 LME 的仓库网络，这毕竟是 LME 极具竞争力的重要资产之一。

LME 的 700 多个核准仓库遍布全球 14 个国家 36 个地点，主要位于北美和北欧，目前东亚地区的核准地点也在不断增加。LME 核准仓库是全球最庞大的期货交易所仓库网络，但每个核准地点都经过严格的申请及审批程序。要获得 LME 认可为交割地点，申请港口在处理量、交通配套等多个范畴均须要达到指定要求。港口获认可后，港口中的仓库营运商还需自行申请个别的仓库牌照，也要达到一定标准。LME 会每年复核这些港口是否仍然达标。整个体制设计严密审慎，维持和覆检工作一丝不苟。

建立和维持这个庞大网络需要动用许多人力物力，为什么 LME 愿意为此投放大量资源呢？那是因为这个仓库网络是将金属期货价格与现货价格联系在一起的关键一环。当期货合约越接近到期之时，期货合约价格就越趋向现货价格。尽管最终只有小部分的期货合约以实物交割来结算，但正是这个进行实物交割的可能性，确保了金属期货价格不致过分偏离现货价格。

我曾说过，期货价格紧贴现货价格十分重要，因为这是生产商与消费者有效对冲金属价格波动的基础。也就是说，正是这个仓库网络将 LME 与金属业实体经济紧紧地捆绑在了一起。

那么，LME 为何选择在现在这些位置布局仓库地点，而不是在非洲、拉丁美洲这些主要金属供应国？这是因为作为交割地点，仓库必须毗邻金属消费方，即利用金属制造下游产品的地点。过去，北美和北欧是全球主要制造中心；今天，越来越多的制造业已迁往亚洲。与此相应，LME 在亚洲的核准地点渐多，比如中国台湾高雄等地。中国经过 20 多年的经济腾飞，如今成为全球第二大经济体，已经是名副其实的“世界工厂”，亚洲的仓库要比世界其他地方的仓库，更能为亚洲特别是中国的金属消费者提供便捷的服务。当然，最理想的还是 LME 能够直接在中国内地设立核准仓库。

长远来看，我们对于亚洲商品业务有着许多计划，但仓库对 LME 定价的根本角色将不会动摇。

2013 年 6 月 17 日

46

从 LME 亚洲年会看伦敦、香港及内地商品行业的未来

2013 年 6 月 24 日，首度在香港举行的伦敦金属交易所（LME）亚洲年会隆重开幕。来自世界各地的金属生产商、用户、交易员、内地交易所及 LME 会员云集香江。对于并非传统商品市场的香港来说，这是极具意义的时刻。

我们与业界人士聚首一堂，互相交流意见，一片热闹欢腾，但在交流过程中，我们也认识到前路漫漫，要完成的事还有很多。我们当初收购 LME，就是因为看到在这个平台上有广阔的发展天地。如我在 LME 亚洲年会上所说，我们要把伦敦、香港及内地分别定位成三大支柱，即三个 P：Products（产品）、Platform（平台）、Participants（参与者）。

第一，LME有着成功发展商品业务所必要的专才、知识产权、品牌及会员。因此，从定位来看，LME将是我们开发商品产品的核心基地。今天，LME已是全球金属交易业界的佼佼者，也是全球商品市场的定价中心，市场份额高逾80%，这在利伯维尔场中可谓极之罕见，但LME做到了，这证明了LME的业务模式有着很强的核心竞争力。作为LME的新东家，我们想进一步巩固这个领先地位，包括建设自营结算所LME Clear、将LME的IT系统从外包转自营、建立事务数据储存库，以及大幅提升全球投资者、交易员、生产商和用户进入LME平台的电子交易平台。所有这些，都是为了获得更灵活的空间来发展更多种类的产品。

第二，我们的香港业务定位是在亚洲推出新商品产品的交易与结算平台。我们的短期目标是确保香港市场做好发展商品业务的准备。鉴于发展实物交割基础设施的复杂性与长期性，我们近期计划在香港主要着眼于现金结算及每月到期的商品合同。这样我们就可以充分利用现有的股票衍生品交易与结算平台，稍加升级改造便可延伸到商品期货。从基础金属的选择上，我们将追求增量，重点考虑可以与其他市场互补的产品，同时在合适时机推出基础金属以外的其他商品产品。在合适的商品上构建实物交割能力将是我们努力争取的长期目标。

第三，与内地市场的互联互通是我们发展流动性和参与者的动力，而后者是发展商品业务所必需的。换言之，我们希望可以把香港逐步打造成一个国际产品可以接触内地流量、内地产品可以接触国际流量、国际流量与内地流量逐步实现互联互通的商品发展平台。

我清晰地认识到这个计划非常进取，甚至可能带有理想主义，但作为一个乐观主义者，我不认为这是不可实现的。

也正因为这样，市场对我们的战略计划无不充满怀疑与忧虑。具体来说，伦敦、中国香港及中国内地可能有 3 个疑问，即 3 个 C：

（1）伦敦的 LME 会员顾虑我们会从根本上“Change”（改变）LME 的业务模式。

（2）香港的同行可能会对这个“鸿图”的成功缺乏“Confidence”（信心）。

（3）内地交易所的同人可能会审视我们的计划是会带来“Competition”（竞争）还是会带来“Cooperation”（合作）。

我下面就这些顾虑一一给予诚恳的回答。

对于伦敦的 LME 会员，我想强调一点：我们并无意根本改变 LME 的业务模式，因为这个模式已经被证实非常成功；我们并无计划改变交易圈的模式；我们也同意至少在 2015 年 1 月前都不会增加收费或改变会员架构。大家知道，LME 并不是一个传统意义上的交易所。在被收购之前，它是一个由基础金属生产、交易、融资、仓储等方方面面参与者共同拥有的交易平台。LME 的整个生态环境具有高度竞争力与黏力，是世界上最成功的业务模式之一。大家可能对 LME 生态圈有不同观点，甚至有人认为它不公平，但无可置疑，它已是最广泛地被全球基础金属界所接受的定价中心，LME 的价格也成为全球基础金属的基准价格。

正因为如此，香港交易所选择对 LME 进行全面收购。这一收购定价的前提是，香港交易所将会把 LME 从一个会员拥有的非盈利机构转型成一个完全商业运作的交易所。尽管我们不会从根本上改变 LME 生态圈的内在逻辑，但是我们要为已经付出的投资争取合理公平的商业化回报。因此，我们会在 2014 年 9 月推出商业化运作的结算服务，并在 2015 年 1 月后重新审视现行收费。不过，我们也会兼顾 LME 生态圈里最重要的 DNA，并投资交易系统提供更好的服务与支持。我们收购 LME 绝不是要破坏价值，也不是要重新分配价值，而是要创造价值。我相信我们可以做出更大的饼，使 LME 整个会员社群与 LME 共同获益。

除了基本金属外，我们将会在保留 LME 生态圈 DNA 的基础上，开发基础金属以外的其他商品。特别是在亚洲拓展时，我们会对 LME 原有业务模式做出必要的调整，以更好地符合亚洲模式。相信这些新机遇也是 LME 会员的新增长点，我们期待与他们并肩开拓新市场。

对于香港的同行和朋友，我想就他们经常问到的问题谈谈自己的想法。经常有香港朋友问我，为什么我有信心中国内地市场与国际市场互联互通的第一站会在香港。其实我的道理非常简单：内地市场之所以选择香港，是因为它的“一国”；国际投资者之所以相信香港，是因为它的“两制”——“一国两制”正是香港的核心竞争力所在。

内地市场逐步开放的过程不无风险，需要在相对可控、放心的环境下进行尝试。香港作为中国的一部分，正好提供了一个理想的试验场所。而且，香港已经在内地证券市场开放中担当过排头兵的重任，对于内地而言是“一块熟悉的石头”，所以可以放心地“摸着熟悉的石头过河”。

另一方面，在“两制”之下，香港有着公平透明的监管环境、引以自豪的公平法制、完善的经济制度以及发展金融所需的专才和能力。这些都是香港倍受国际投资者青睐的原因，因为他们认为香港能给他们提供保护和便利。

所以说，“一国两制”是香港地区的核心竞争力：若没有真正的“一国”，香港地区就不会有承接内地市场发展东风的机会；若没有真正的“两制”，香港地区就不可能保持其独特的优势。所以说，我们既要坚持“一国两制”，也要对自己的角色和地位抱有信心。

对于内地的交易所同人，我理解他们对于香港市场发展所带来的潜在竞争的顾虑。我的看法是：若只谈合作而不承认竞争，那是不诚实的；但若只着眼于竞争而忽略了合作，那是缺乏远见的。香港交易所的战略非常清晰，即不在存量上竞争，因为这是恶性竞争，只会让双方都“不爽”。香港交易所要与内地的交易所同人共同合作、创造增量，因为在这样的增量上竞争才是双赢的竞争。打一个通俗一点的比喻，人家碗里的肉，我们不抢；人家锅里的饭，我们不争；人家田里的菜，我们不想；甚至人家未来的地，我们不看。我们只希望与内地同人共同寻找那些只有双方共同创造才能得到的增量，并且在这种增量中形成双赢竞争。

谈到竞争，不可回避地，大家会问及如何看待内地与香港建设国际定价中心。我认为，真正的定价中心必定是买卖双方能充分参与的中心，而且所发现的价格是在实体经济中贸易活动可参照引用的价格。

中国在过去多年来一直是量的制造者、价格的接受者，但苦于未能找到把量的影响力转换成对价格的影响力的场所。若能够在香港地区这个“家门口”建成一个买卖双方都能参与并发挥各自影响力的生态环境，则有望大幅提速内地国际化的进程，让内地市场尽早实现与国际的联通。而且，一旦有了切实可行的香港模式，就可以把它复制到国际其他主要市场。也就是说，中国市场的国际化既可以在条件允许的情况下直达其他国际市场，也可以在条件尚未成熟的时候选择中转香港；香港是中国市场国际化的起点站而不是终点站。如此，中国这趟列车就可以由香港开往纽约、伦敦、芝加哥等。最终，随着主体市场的发展和制度制约的逐步消除，定价中心自然会回归离消费者最近、成本最低的内地市场，而香港在此当中的历史作用是不断成为内地市场逐步推动开放的前沿阵地，并最终与内地主体市场相互呼应、互为补充，同时也取得发展的空间。

总之，历史的巨轮给予香港独特的机遇。我对香港的锦绣未来充满信心。

2013 年 6 月 28 日

47

表象与现实
——浅谈 LME 仓库排队提货现象

2013 年 6 月 24 日，伦敦金属交易所（LME）亚洲年会首次在香港举办，在为期一周的年会上，LME 全球仓库网络仍然是话题焦点之一。说到仓库，LME 刚刚认可了中国台湾高雄港为亚洲第 9 个交割地点，市场对此反应非常热烈。加上 LME 近期提升了亚洲基准价，我相信 LME 在致力巩固其环球金属市场定位的同时，将可以为亚洲用户提供更好的服务。

也许大家多少都听说到近来市场对 LME 仓库网络有一些批评的声音，特别是有关从仓库提取金属排队时间太长的问题，大家已经讨论了好长一段时间。我很高兴地告诉读者，LME 董事会已经公布 LME 将正式进行市场咨询，广泛征求业界的意见，共同寻求合适的解决方案。

伦敦会员以及业界对这个话题已经比较熟悉了。虽然市场至今还没有共识，甚至对是否需要咨询、应该咨询什么也可能有不同的意见，但是大家对这个问题以及建议方案是比较了解的，我诚心希望咨询反馈能最终帮助 LME 做出正确的决定。

对于香港交易所的非金属期货业界的朋友们，关于仓库网络的辩论可能还是一个崭新的话题，其中的技术细节也有点晦涩难懂。虽然对亚洲的影响可能比其他地方小，但事关 LME 乃至香港交易所这个新东家的声誉，所以我想在这里稍微阐述。下文将按照六大问题来一一作答，读者可以按照自己的了解程度与兴趣来选择阅读。

问 一、什么是 LME 仓库排队提货现象？

由于 LME 在全球金属行业中扮演着重要的角色，所以许多金属生产者及持有者愿意把金属放在 LME 核准的交割仓库中，换取交割仓库向客户开具的仓单证明。如果金属持有人想提货，就得注销仓单轮候出货。LME 对核准仓库的金属出货量有一定的最低要求，大型仓库地点每日须至少运出 3 000 吨金属。不过，有些仓库由于历史原因积存了大量金属（下文会进一步解释大量金属积存的原因），当很多金属持有人同时要注销仓单提货时，他们就得排队了。在一些地点，注销仓单等待提货的要求越来越多，轮候时间越来越长，甚至长达数百日。

值得注意的是，在等候提货的长队当中，大部分都并非工业用家，而只是金融投资者为了减低仓租而把金属从一个仓库转到另一个仓库中。事实上，在 LME 的核准仓库网络中，只有 5 个大型的重要仓库地点因为上述情况而出现仓库提货轮候时间达到百日以上，其他绝大多数的仓库地点是完全不需要排队的。也正因如此，才引起了金属用家和新闻媒体的注意。

问 二、导致仓库排队提货的宏观因素有哪些？

在经济衰退的环境中，例如 2008 年的全球金融危机，市场对金属需求量自然会下跌。为应对需求放缓，生产商可以选择减少产量，但是对于铝冶炼厂等难以马上停产的公司来说，更经济可行的做法是继续生产，把卖不去的金属寄仓，然后等需求量逐步回升之后再消化掉多余存货。

近年，全球经济放缓，极端低息的环境又持续多年，令生产商可承担更长的存货期。再者，铝的期货升水即期货价格高于现货价格，吸引了金融投资者利用金属投资来套利。这种种因素加起来，使得各金属，特别是铝金属不寻常地积存了大量存货。而 LME 这个遍布全球的核准仓库网络正是持有金属存货的最佳地点。

问 三、仓库排队提货现象是否是一件坏事？如果是的话，是对谁而言？

就我所见，市场对于仓库提货轮候问题的忧虑主要集中在以下三个方面：

（1）轮候时间过长，令工业用家无法及时提货，进而影响实体经济生产。

（2）轮候时间推高金属整体成本，特别是铝价。

（3）在个别仓库地点，要求实时提货所要付出的溢价占金属总价格的比例过高。

这三点忧虑是否成立，我下文将逐一回应。但从对实体经济的影响程度来看，这三点忧虑的严重程度从重到轻，所采取的应对措施也应该有所区别。我曾戏言，以上三点是否成立，要看我们是否需动用"火箭炮""外科手术"或者"中药"来解决。这里我尝试逐一分析，看看需要动用哪一种解决方案。

关于第一点，这里有一个很重要的概念，就是金属轮候出仓的问题从来都没有妨碍实际金属用家取得金属。事实上，真正需要使用金属的企业，一般不会在 LME 仓库提货，而是直接从生产商买货，再利用 LME 对冲价格。换句话说，谁想要金属都可以拿到金属。堆在 LME 仓库里的金属，往往只是后备供应，以供不时之需，也确保 LME 价格能够真实反映实体经济的供求情况。其实，从来没有人跟我们说无货可用，只是消费者需要支付溢价。所以说，第一点其实并不成立，我们并不需要"火箭炮"。

至于第二点，所谓轮候时间推高金属价格，这其实也不是问题。铝价现时大约低于历史高位 47%，反映铝生产商供大于求；其他金属价格亦同样低于各自的历史高位。没错，你或许会说若生产商没有囤货，金属投资者又没有插手参与投机，金属价格或者会更低。

不过，长远而言，待市况好转，金属价格可能再度攀升；忽冷忽热的金属价格未必对市场有利。总而言之，金属价格与轮候时间其实没多大关系，金属市价始终取决于金属在公开市场上的供应量。所以，“外科手术”也是不需要的。

最后来看第三点，即刚才提到要付予生产商的溢价。这溢价一般只是 LME 价格的一个很低的百分比，只有那些需要在个别地点实时提取金属的参与者才需要支付；溢价高低视乎个别地点的供求而定。溢价向来是市场的特征之一，波动幅度可以很大；但近年轮候提货者有增无减，溢价也就一涨再涨。举例来说，现阶段美国中西部的铝合同溢价已经高达 12%，比三年前高出一倍。

金属溢价与仓库轮候时间关系密切。过去，LME 仓库网络对金属溢价起到了平衡器的作用：若生产商索取的溢价过高，套利者就会在 LME（按 LME 的价格）购买金属，然后从 LME 仓库提货，从而避免给生产商支付过高溢价。这样，LME 价格就会上升，溢价的幅度就会收窄。不过，当前由于几个主要仓库都排起长队，所以这样的套利行为较难实现，导致了溢价持续上涨。溢价的走势去向，市场上有广泛的追踪报道，金属的“总成本”，也就是 LME 价格加溢价是比较透明的。但我们完全理解用户希望 LME 价格与“总成本”之间的价差越少越好——毕竟，溢价是不易对冲的。

我一直认为，过高溢价对市场健康发展很不利，就像红肿一样，虽无生命之虞，但让人非常不舒服，甚至可能产生长期后遗症。但这个既不是“火箭炮”也不是“外科手术”能解决的。相反，在这个情况下，“中药”可能更为合适。这也就是本次市场咨询的思路。

问 四、LME 迄今做了哪些措施来缓解市场顾虑呢?

之前，LME 的共识是仓库排队提货现象是宏观因素所导致，LME 不宜过多干涉。虽然市场有一些声音认为 LME 如果能够更早地采取强硬措施，就不至于形成今天的局面，但我相信 LME 一直是依照其历史沿袭下来的准绳来处理，也无可厚非。当前最重要的是香港交易所、LME 与市场一起向前看，积极寻求解决问题的方案。

不过，我们也不妨在这里温故而知新，回顾一下近几年 LME 针对缓解仓库排队提货现象所采取的措施。

在 2010 年，LME 委托 Europe Economics 对 LME 的仓库规则进行独立评估。评估报告中提出了针对排队提货现象的缓解方案，并建议 LME 每 6 个月进行一次对出货率的常规评估。LME 听取了 Europe Economics 的意见，修改了 LME 的仓库规则。例如在 2012 年 4 月，把几个最大的交割地点的最低出货率提高了一倍；2013 年 4 月，进一步增加了针对镍和锡的最低出货率；同时引入新的要求，让仓库运营公司重新审视某些金属的提货队伍对其他金属出货的影响。

问 五、LME 在本次市场咨询中有哪些建议?

虽然我们对于“LME 仓库排队提货现象是由宏观因素造成”的观点不无认同，但随着排队问题的出现，我们想重新看待这个问题。因此，LME 董事会提出了一个缩短仓库出货时间的建议，并尽量平衡 LME 会员、仓库营运商及金属业界各方的不同需要。

我们的目标是给出一个不同于目前制度安排的备选方案：

（1）通过引入新的基于“入货率”而调整的“出货率”，防止当前的排队现象继续恶化。

（2）针对“注销仓单”重新排队的行为，引入新的“出货率”，从而减少当前的队伍长度。

（3）通过“祖父条款”，即豁免新例生效前的行为的条款，避免惩罚那些依据之前 LME 规则来做出投资和运营决定的仓库公司。

最后，我们希望确保新的制度规则将有足够弹性，可以消除任何意料之外的后果。如果大家有兴趣了解更多的详情，不妨阅读咨询建议全文。

在制定建议的时候，LME 董事会考虑到了实际操作上的局限。例如，金属都是重物，运送不易，要求仓库大增出货率是不可行的；无论卡车还是铁道吞吐量等，都难以在短时间内配合出货率的大幅提高；而现有 LME 规则对仓库的结构布局以至地点分布都有清晰的要求，因此调整仓库也非一朝一夕就可以完成。在充分考虑到这些现实的局限后，我们建议，只要求提货轮候时间逾 100 日的仓库必须将进货率与出货率挂钩，以确保提货轮候问题不会恶化。假以时日，我们希望提货轮候问题可以得到改善。

我想重申，董事会现时对任何调整方案并无定见；只有市场愿意，我们才会进一步落实这个备选方案。

问 六、我们期待市场做什么？

我们现阶段虽未有具体立场，但仍决定开展市场咨询，是因为我们认为聆听市场意见、及时响应市场人士的关注乃十分重要。作为 LME 的新东家，我们希望可以积极响应用户要求，处理市场关注的问题。

只有在我们诚心诚意地聆听市场声音的前提下，市场咨询才有意义。事实上，我们正是持着这样的态度开展咨询的。我们特别希望能听到深思熟虑的、详尽的反馈意见。如果您对建议方案持反对意见，我们希望能够听到为什么反对、如果推行了可能有哪些后果等建设性意见。如果您是投赞成票，那么您的详尽理据也会是非常有益的。

所有的反馈意见将会被严格保密（除非您希望公开）。在香港，市场咨询这一操作由来已久，并且对我们不断改善市场结构起到了重要的作用。我们希望在伦敦能延续这一传统。

现在来判断咨询结果会否带来任何改变还言之尚早。但我深信，无论结论如何，LME 的规则总是本着一个原则，就是向金属业界提供最佳的实物供应网络，并且以此来保障真正全球的、真实的 LME 价格。

2013 年 7 月 1 日

48

新产品，新起点

时间过得真快，2013 年香港交易所首次举办伦敦金属交易所（LME）亚洲年会的盛况仍然历历在目，转眼我们就迎来了 LME 2014 亚洲年会。

在 LME 亚洲年会上，来自世界各地的生产商、消费者、金属交易商、内地交易所以及 LME 会员济济一堂，共同探讨全球特别是中国的市场发展趋势，寻求新的机遇。随着商品市场的重心逐渐从西方转向东方，香港拥有足够的优势，成为一座连接买卖双方、连接亚洲与世界、连接中国内地市场与海外市场的桥梁。

2014 年 LME 亚洲年会的主题正是“环球联系”。2013 年我曾在 LEM 亚洲年会上谈及 3 个 P：Products（产品）、Platform（平台）及 Participants（参与者）。LME 能为我们带来专才、会员和“产品”，香港则是为亚洲市场提供产品的“平台”，而“参与者”则来自中国内地。香港将成为促成这种互联互通的枢纽。

今天，我们将向实现这一愿景迈出关键一步。我们的亚洲商品团队刚刚宣布了即将推出 4 只新的商品合约的好消息，这 4 只产品分别是：伦敦铝期货小型合约、伦敦铜期货小型合约、伦敦锌期货小型合约以及 API 8 动力煤期货。在全球金属市场，伦敦的铝期货、铜期货及锌期货一向是成交最为活跃的品种，正因如此，我们才选择了它们作为首批在香港交易结算及交收的商品产品。

对于香港交易所而言，API 8 动力煤期货合约的推出极具战略意义，因为中国内地已是国际市场上一个最大的动力煤用家，与亚洲其他用家合计占全球消耗量逾 5 成[①]。我们希望更多动力煤用家可以使用这一新产品作为管理风险的对冲工具。

如果得到监管部门批准并且市场准备就绪，这 4 只合约预计将在 2014 年下半年推出。其中，3 只金属期货将以人民币交易，动力煤期货则以美元交易，全部实行现金结算，在香港进行结算及交收。如上所述，这些产品长远来看具有重大的战略意义和市场需求，尽管短期可能仍然需要一个培育市场的过程。我们有耐心也有信心能够在香港做好这些产品。

---

① 根据 2013 年 BP 能源调查报告及一家主要证券商的研究报告，全球五大用煤国（中国、美国、印度、俄罗斯及日本）的用煤量已占全球煤炭消耗总量的 76%。中国也是动力煤的主要用家，占全球消耗总量逾 45%（中国国家统计局数字），与亚洲其他主要经济体例如日本及韩国合计占全球消耗量逾 5 成（美国能源信息署资料）。

值得高兴的是，目前已有迹象显示商品业务开始在香港扎根，例如渣打银行在 2013 年曾将其全球金属交易主管由伦敦调来香港；在我们收购 LME 之后，一些银行也开始扩大在香港的金属交易部门，他们认为中国在商品市场的定价权未来将与日俱增，而且中国的金融市场将逐渐加快开放步伐，沪港通计划的宣布再次佐证了这一点。

2014 年 4 月 10 日，中国证监会与香港证监会发布联合公告，原则上批准了沪港通计划，允许内地投资者和香港投资者分别投资香港和上海市场的合资格股票。沪港通计划的推出不仅标志着中国金融市场对外开放迈出了一大步，也是香港金融发展史上的一个重要里程碑。

沪港通如果得以成功推出，必将对内地商品市场的国际化和香港未来商品发展的方向提供重要启示。随着中国经济不断崛起，中国已经成为全球很多大宗商品的主要消费国和进口国，如何让内地商品市场走向国际化，如何让中国在国际商品市场拥有与其经济实力相匹配的话语权和定价权，已经成为所有中国期货界人士追求的共同梦想。

内地商品市场的国际化路径有多种选择，可以选择让自己的产品和价格“走出去”,将国际市场的产品和价格“请进来”（产品互挂），也可以选择将国际用家和投资者“请进来”（例如原油期货），或者让内地用家和投资者“走出去”（例如沪港通模式）。香港交易所将一如既往，继续与合作伙伴一起通过优势互补寻求共赢方案，以期为内地商品市场国际化提供多样的可能性，推进两地商品市场互联互通。

2014 年 LME 亚洲年会的规模盛况空前，年会上的金属研讨会是其中非常重要的一项活动，有 600 多位来自世界各地的贵宾出席这一研讨会，而参加 LME 年会晚宴的贵宾更超过 1 400 人，较 2013 年的参会人数多出近 5 成。

在研讨会上，香港特区政府财政司司长曾俊华先生将以“香港作为商品交易中心的角色”为主题发表演讲。而专题论坛也格外热闹：除了业界专家探讨金属交易在今后 10 年的大趋势以外，我们还有幸请到了上海期货交易所理事长杨迈军、大连商品交易所理事长刘兴强、郑州商品交易所副总经理巫克力和中国期货业协会副会长彭刚参加当天的“行政总裁专题论坛”。他们将与大家分享关于内地商品市场如何进一步国际化的真知灼见。如同沪港通一样，我们将基于共同的梦想、共同的理念、共同的利益与在座商品期货界的领军人物探索中国商品市场国际化的蓝图，让这一伟大梦想在几年内成为现实。

在年会活动的最后一天，我们将首次举办商品界女士午餐会（Women in Commodities Luncheon）。这一活动旨在表彰商品界女性精英的贡献，并为她们提供与业界其他优秀女性联谊的机会。

以上只是 2014 年 LME 亚洲年会活动的精彩一瞥。2013 年 LME 亚洲年会首次在香港成功举办，为我们开了一个好头。我相信 2014 年的年会必将更上一层楼，为香港成为国际性商品中心画上浓墨重彩的一笔。

2014 年 4 月 22 日

49

开启 LME 新时代

最近几周，伦敦金属交易所（LME）备受媒体关注：先是美国联邦地区法院驳回了所有针对 LME 铝仓库的诉讼；2014 年 9 月 22 日，LME 自建的结算所 LME Clear 成功推出了自己的结算平台 LMEmercury；9 月 29 日，LME 公布了 2015 年的收费调整计划，朝着真正的商业化运作迈出了重要一步。在此，我要向所有 LME 的同事表示衷心的感谢和祝贺：谢谢你们的辛勤付出，让我们在商品领域的战略规划正一步一步如期实现！

也许很多朋友还不太了解大宗商品业务，更不明白 LME 为什么要大费周折自建结算所，这大概得从我们的战略规划说起。在《战略规划 2013—2015》中，香港交易所集团明确提出要发展成为一家提供全方位产品及服务、且纵向全面整合的全球领先交易所，并做好准备以把握中国资本项下审慎、加速开放的种种机遇。产品方面，香港交易所集团将覆盖现货股票、股票衍生产品、定息产品及货币以及商品等资产类别，同时就每个资产类别建立从产品至交易及至结算的垂直整合业务模式。LME 正是我们进军商品业务的先锋。

众所周知，LME 是全球最大的基础金属交易所，但被香港交易所集团收购之前，它并不是一个传统意义上的商业化运作的交易所，而是一个由会员拥有的盈利有限的机构。在不根本改变 LME 业务模式的前提下，如何让 LME 在全球激烈的交易所竞争中立于不败之地，如何让 LME 在集团的发展战略中发挥应有的作用，如何让 LME 和香港交易所的优势互补寻找新的增长点，这些是我们在收购 LME 之前曾经反复思考的问题。我们的答案是大力投资 LME 的平台建设，将其转型为一间完全商业化运作的交易所，并充分利用它和香港金融中心的优势，实现内地市场与国际商品市场的互联互通。

延伸到整个集团的商品战略规划，大致可以分为三步：

◎ 第一步，实现 LME 的商业化运作，进一步巩固其在全球金属业界的领先地位。

◎ 第二步，将 LME 的商品业务向东拓展，在香港建立商品业务平台。

◎ 第三步，利用香港平台的优势实现内地市场与国际商品市场的互联互通。

作为 LME 的新东家，我们大力投资 LME 的基础建设，付出了不少真金白银，包括建设自营结算所 LME Clear、将 LME 的 IT 系统从外包转自营、建立事务数据储存库，以及不断完善全球投资者、交易员、生产商和用户进入LME的电子交易平台，等等。因为，所有这些都是关系LME未来的重要投资，它们会为我们将来丰富产品线打下坚实的基础，创造更灵活的发展空间。例如，LME的IT系统从外包转向自营，可以大大提高交易系统的稳定性和可靠性，并为未来系统升级创造主动性和便利。

LME Clear顺利推出自建的结算平台LMEmercury，则是LME商业化运作的重要前提，它标志着LME成为一家提供全方位服务的金属交易所——不仅能够提供先进的交易服务，而且提供一流的清算交收和仓位风险管理服务。从此以后，LME可以自己掌握结算的“命运”了，产品结算再也不用依赖其他的结算所。

更重要的是，LME Clear将为LME和香港交易所集团的商品发展战略带来前所未有的灵活性和空间，尤其是我们在推出新产品或者把产品拓展到新的货币品种和时区的时候，这些灵活性将显得弥足珍贵。

除了LME Clear的顺利开张，LME公布的最新收费计划也是LME商业化运作的重要一步。在调整收费标准时，我们充分考虑了用户的意见，尽量确保新的收费标准公平合理，并在业界具有足够竞争力。我们无意改变LME生态圈的重要DNA，也十分重视用户的感受，但作为一家上市公司，我们也需要对股东负责，需要为已经付出的投资争取合理公平的商业化回报。这些回报也是LME未来为广大用户提升服务的经济保证，利用这些增加的交易费收入，我们可以继续加大投入，推出更加多元化的产品，不断拓展业务和完善我们的服务。

值得高兴的是，经过一年多的努力，我们的付出初见成效。目前，我们已经基本实现了集团商品战略的第一步，并且正在积极向第二步和第三步迈进，2014 年 12 月，我们的亚洲商品平台将会如期推出。

我们坚信，LME 的商业化运作将在我们实现内地市场与国际商品市场互联互通的进程中发挥巨大作用，也会使这间拥有 100 多年悠久历史的交易所焕发出新的活力。作为中国资本市场双向开放的首班车，沪港通的各项准备工作进展顺利。我相信，随着沪港通的成功运行，它的模式有望在未来拓展至商品和其他资产领域。

当然，LME 的商业化如今才刚刚迈出了第一步，实现集团商品战略的路还有很长，更多的精彩在前方。让我们一起努力，共同开启 LME 的新时代！

2014 年 9 月 29 日

50

LME 进入收获季

马上要在香港迎来 LME 2015 亚洲年会了，我想在此跟大家聊聊我们的商品业务。

5 月 13 日，我们刚刚发布 2015 年的一季报，非常可喜的是，我们的业绩在 2015 年第一季度增长明显，这不仅源于成交量的增长，更加源于我们前几年播下的一些“种子”逐渐开花结果，进入收获季节。其中最大的一颗“种子”就是我们 2012 年对 LME 的收购。我还依稀记得当时人们对这项收购颇多怀疑，有人怀疑这一收购是否值得，也有人担心香港是否适合办商品交易所，还有人质疑收购价格是否太高。

现在回头来看，我完全可以理解当时人们的质疑。不过，自我们酝酿收购 LME 的第一天开始，我们的团队其实一直对 LME 的定位和转型有着清晰的规划。LME 是香港交易所集团长期国际战略规划的重要组成部分，在中短期内，它也肩负着丰富我们的产品线和盈利来源的重要使命。在收购完成 3 年后，LME 正在朝我们之前规划的方向顺利转型，如今的 LME 已经成为香港交易所大家庭的主要盈利贡献者之一。

从盈利数据来看，LME 各项业务营收明显增长，2015 年首季度营收达到 6.47 亿港元，占集团第一季度总营收的 23%，较 2014 年同期增长超过一倍（2014 年首季度营收为 3.15 亿元）。其中，LME 营收 4.47 亿港元，LME Clear 则贡献了 2 亿港元的营收。LME 营业收入大幅增长主要是因为 2015 年 1 月调整了交易费收费标准，以及 2014 年 9 月新开业的 LME Clear 运作良好。此外，随着 LME 的相关诉讼陆续被驳回，LME 的诉讼费用骤降。

不仅伦敦的商品业务蒸蒸日上，我们在香港的商品业务也在不断进步。早在 2012 年，香港还是全球商品地图上的无名之辈，如今即将迎来规模最大的一届 LME 亚洲年会，来自全球 300 多家公司的代表和近 100 名记者将参加 2015 年的 LME 金属研讨会，130 桌 LME 晚宴的席位已被预订。这是 LME 亚洲年会举办以来 LME 晚宴席位预订最多的一次，届时近 1 600 位商品界的朋友将欢聚一堂。在 2015 年的 LME 亚洲年会期间，商品业界也将同时在香港举办更多交流活动，并围绕亚洲金属交易的未来展开深入探讨，可见香港的大宗商品交易生态系统正在萌芽。

虽然香港的商品生态系统才刚刚萌芽，但是发展潜力却无限巨大。2014 年 12 月我们推出了首批在香港交易和结算的金属期货合约——伦敦铝期货小型合约、伦敦铜期货小型合约、伦敦锌期货小型合约，不久后我们还将推出更多新产品。尽管目前这三只小型金属合约的成交量很小，但它们的推出标志着香港交易所亚洲商品业务的一大突破，如同春天种下的一棵棵树苗，只要精心呵护和培育，终会茁壮成长，变成一片茂密的森林。

现在，已经有越来越多的亚洲公司（特别是中国公司）成为 LME 会员：2014 年广发金融交易成为首家中资背景的 LME 圈内交易会员，11 月招商证券（英国）获批成为 LME 第二类交易会员，中国银行和中国工商银行旗下子公司也都已经是 LME 第二类交易会员，不久前韩国的 Sorin Corporation 和香港的利记集团也成为了 LME 第五类交易会员。利记集团行政总裁陈婉珊女士还是 LME 锌铅委员会和 LME Clear 风险管理委员会的成员。

与此同时，中国对外开放的步伐正在加快。就在上周，中国宣布取消对国企参与海外商品衍生品交易的审批，100 多家国企将获准参与海外商品衍生品交易，参与家数较以往超出 3 倍。这是中国加速对外开放的又一信号，必将为大家带来新的机遇。

尤为重要的是，LME 赋予了我们与内地交易所伙伴一起开拓共同市场的能力。沪港通已经成功迈出了连接两地证券市场的第一步，深港通目前正在紧锣密鼓地筹备之中。如同我之前所说，共同市场让两边的投资者都可以“在自己家里”和“按自己的交易习惯”投资对方市场产品，这一市场可以从股票延伸到股票衍生品、商品、定息和货币产品等多种资产类别，未来发展空间巨大。

具体到我们的商品战略，长远来看，我们在互联互通上主要有三大需要努力的方向：

（1）连通中国的产品与海外的交易量，也把国际的产品与国内的交易量连通起来。

（2）使海外交易量与中国交易量充分连通。

（3）使国内现货市场与国际期货市场充分连通。

展望未来，通过 LME 和互联互通机制的历史性突破，我们拥有能够帮助内地加速商品市场国际化进程的绝佳优势地位。一个国际化的商品市场不仅能为投资者和商品用家提供方便，也能更好地服务中国的实体经济。更重要的是，它能够帮助中国取得与其经济实力相匹配的国际大宗商品定价权。在内地商品市场国际化的进程中，我们希望能够同样扮演一个低调但重要的连接器角色。

最后，我热烈欢迎每位来香港参加 LME 亚洲年会的嘉宾。LME 2015 亚洲年会将举办一系列丰富多彩的活动，为各位提供深入探讨全球金属市场热门话题的机会。我十分期待 LME 2015 亚洲年会，也期待着香港商品生态系统的茁壮成长。

2015 年 5 月 14 日

51

再谈中国大宗商品市场“实体化”

英国脱欧的消息震动了全球资本市场，也引发了不少朋友对于LME业务和我们未来商品战略的关切：英国脱欧事件对于LME的经营会产生什么影响？会否影响香港交易所商品战略的实施？LME是否还会继续争取在中国内地认证仓库？这对服务内地实体经济有何意义？在此，我想一并回答这些朋友们关心的问题，也跟大家分享一下我近期的一些思考。

关于英国脱欧

问 一、英国脱欧事件对于LME的经营会产生什么影响？

英国公投的结果给全球金融市场带来了不小的震动，未来英国如何脱欧、何时脱欧目前还存在很大的不确定性。英国离开欧盟，对 LME 的影响比较有限。首先，LME 的金属交易是全球性的，并非局限在英国或欧洲，会员及客户遍布全球，而且 LME 来自欧洲的交易相对比较稳定，未来的成长将主要来自亚洲地区。其次，LME 的交易基本以美元计价，其经营收入也以美元计算而非英镑，只有营运成本是以英镑计价的。LME 有上百年的成功运营经验，早在英国加入欧盟之前，它已经是全球首屈一指的基本金属市场，我们有信心维持 LME 系统和市场的正常运作，确保市场公平公正。

问 二、英国脱欧会否影响"伦港通"项目的推进？会否影响香港交易所其他商品战略的实施？

由于"伦港通"涉及伦敦和香港两地结算所的未平仓合约结算，实施伦港通需要与香港、伦敦与欧盟三地市场的监管机构进行相关讨论。英国脱欧后，我们如何继续与欧盟监管机构跟进出现了新的不确定性。因此，我们目前正在等待政策进一步明朗后再做下一步推进。

不过，英国脱欧不会影响香港交易所实施其他的商品战略。比如，我们目前正积极争取在内地市场设立 LME 认证的交割库，以降低内地实体企业参与国际金属交易的成本，服务实体经济；也正在积极推进前海大宗商品现货交易平台的建设，促进内地大宗商品市场的"实体化"。

关于实物交割

问 一、LME 为什么要在内地市场“设”仓库？这对于服务内地实体经济有什么意义？

首先需要说明的是，LME 不是要在内地建仓库，而是认证内地仓库，供我们的客户在实物交割时使用。我们在全球不拥有任何一家仓库，但是认证了 600 多家仓库。

因为 LME 是全球最大的基本金属市场，它每天产生的价格也是全球金属买家和卖家通用的基准参考价格，比如，一个中国的铜冶炼厂要从海外采购铜精矿，它跟海外卖家签订的采购合同上通常会写明某年某月某日的交易价格参照 LME 某天的铜价。这个价格是一个期货价格，而实物交割机制正是期货价格变动与现货价格变动同步的重要前提。因为实物交割机制的存在，同时参与实物交割的各方不受人为限制，期货价格在合约到期日才会跟现货价格趋同。从很大程度上说，正是因为 LME 遍布全球 35 个地区的 600 多家认证仓库能为客户提供方便快捷的实物交割，LME 交易产生的期货价格才能真实反映全球实体经济对基本金属的供求状况。

众所周知，中国已是全世界最大的原材料消费国，很多中国的金属用家是从国际市场按 LME 价格购买金属原材料，因此需要通过 LME 的期货合约管理大宗商品价格波动带来的风险。目前来自中国客户的交易已经占到了 LME 交易总量的三成以上，但是由于 LME 目前在内地还没有认证仓库，内地的客户在参与 LME 交易后如果需要进行实物交割，就只能把货从海外 LME 认证仓库运回国，或把货运到海外的 LME 认证仓库，并为此支付高额的海运费用，交割的时间成本和经济成本都大大增加。有时，由于交割的困难，内地客户甚至会被国际交易对手“挤仓”，不得不让利平仓。简言之，因为这些额外的成本，内地客户在参与国际大宗商品的交易和定价时，已经输在了起跑线上。因此，近几年来，内地客户要求我们在内地认证仓库的呼声不断。

允许 LME 认证国内保税区仓库，不仅可以降低内地企业国际贸易的交割成本，方便内地企业更加充分地参与 LME 交易和定价，长远来看，也有助于中国在国际大宗商品市场上赢得与其经济实力相匹配的定价权。因此，它值得监管机构认真考虑，目前我们正在积极争取。

关于定价权

问　一、定价权是一个热议话题，中国是全世界最大的原材料消费国，但是它对定价方式的影响力仍比较弱，如何看待定价权这个问题？

关于定价权，大家的讨论不少，但也存在不小的误区，一种典型的误解是认为定价平台在哪里，哪里就有定价权。其实，所谓的定价权，一定是买卖双方都能有效参与和接受的一种定价，任何一方不能接受的定价权都是没有意义的。

随着经济全球化的深入，中国企业与海外企业进行大宗商品交易的机会越来越多。我们现在讨论的定价权主要是中国买家(或卖家)与海外卖家（或买家）之间交易时如何定价的问题。那么问题来了：一方面，由于外汇管制，内地企业还不能完全自由地参与国际期货市场的交易去套保，不能在海外市场的定价过程中充分发挥自己的影响力。同时，内地市场限制境外交易所设保税区交割仓库，又人为地增加了内地实体企业保税交割的成本，造成中国企业按国际价格买进或卖出大宗商品时却不能用实物交割来对冲价格风险、有效地保护自己，犹如自己绑住一只手与人博弈。另一方面，国内交易所的交易虽然很活跃，但是海外卖家并未参与其中，他们自然不愿意接受国内交易所产生的价格作为定价基准，国内产生的定价在全球市场并没有影响力，最后双方交易还得使用海外市场的定价。

因此，在我看来，定价权的核心是买卖双方都能参与和认可定价过程。无论定价平台在哪里，只要中国人在这个平台有足够的影响力，海外交易对手也认可这个定价，中国就可以掌握定价权。

问　二、通过哪些途径可以提高中国在大宗商品领域的定价权?

通过双向对外开放，中国可以逐步提高在国际大宗商品市场上的话语权。首先，中国可以加快开放内地商品期货市场，引入境外投资者参与。如果由于资本管制等因素的限制，暂时不能在这方面大踏步迈进，那么不妨创造条件鼓励内地企业和投资者走出去，参与国际大宗商品市场。

关于大宗商品交易平台

问 一、内地有上千家大宗商品交易平台，香港交易所在前海建立平台的优势是什么？

目前内地有超过 1 000 家大宗商品交易平台，但信誉良莠不齐，缺乏严格监管，一些平台利用监管规则的漏洞，以现货交易的名义推出了一些承诺高收益低风险的产品，诱导许多不明风险的散户投资者参与，但募集来的资金实际流向高风险领域，最终资金链断裂，引发兑付危机。我们希望在深圳前海建设一个规范、透明、可信赖的、有实物交割体系和仓储体系的大宗商品交易平台，有效服务实体经济。

在这方面，我们有三大优势：一是香港交易所在收购 LME 后具有了在大宗商品市场的专业经验和品牌；二是香港交易所有动力、决心和资源提供可靠的仓储、物流等配套设施及系统，有效服务实体经济；三是香港交易所具有公信力。设立在深圳前海的大宗商品交易平台将通过现货交割服务实体经济，并形成新的价格基准，日后香港交易所可进一步使用价格基准，在香港发展指数、期货及其他衍生产品。

问 二、香港交易所可能遇到的挑战是什么？

说到挑战，经常有朋友认为内地监管政策是我们即将面临的最大挑战，这其实是一种认识误区。所有监管政策的目标都是保护投资者、维护市场公平和透明、减少系统性风险。现在出现不少问题的交易场所均是不法商人打着大宗商品交易的名号操纵市场，误导散户，非法集资，引发金融风险。而我们在前海建立大宗商品交易平台，要做好人、做好事，建设安全可靠的交易与清算体系，规范市场交易，降低中小企业融资成本，服务实体经济，推动有效投资，完全符合国家利益和监管目标，因此我相信一定会得到监管者的支持。

在我看来，我们最大的挑战其实来自我们自身，就是我们是否有决心和远见，是否足够了解中国市场。LME 虽然在全球商品市场运作方面有非常丰富的经验，但是中国市场有其独特性，不可能完全照搬海外经验。如何成功将 LME 经验移植到中国，并使之适应中国“水土”，可能是我们未来面临的一大挑战。

2016 年 7 月 20 日

52

走近前海联合交易中心

一年一度的伦敦金属交易所（LME）亚洲年会再次高朋满座，和往年有些不同的是，2017 年 LME 亚洲年会除了在香港举办一系列精彩活动外，还在深圳前海设立了分论坛。约 300 位海内外嘉宾云集我们正在筹备中的前海联合交易中心，探讨大宗商品界的热门话题。

很多朋友都对前海联合交易中心充满兴趣，向我提出不少问题。在此我将一些大家常问的问题整理了一下，集中作答，试着带大家走近前海联合交易中心。

问　一、香港交易所为什么要设立前海联合交易中心？

大宗商品是香港交易所发展战略的重要组成部分，设立前海联合交易中心是我们大宗商品发展战略的重要一步。

众所周知，香港资本市场传统上是一个股票市场，在过去 20 多年一直是中国企业首选的海外融资中心，随着中国经济的快速崛起和内地资本市场的开放与发展，香港资本市场的功能也开始逐步转型。在今后的 20 多年里，香港将会发展成为集股票、大宗商品与外汇为一体的全方位国际金融中心。

但是，香港人多地少，缺乏发展腹地，也没有大宗商品发展的传统，我们需要寻求符合香港实际、发挥香港特长且满足国家所需的独特的大宗商品发展之路。

因此，我们开始探索一个“两条腿并行”的大宗商品发展战略：

◎ 期货战略：与内地交易所互联互通，互挂互惠。

◎ 现货战略：走出去买、走进去建。

继沪港通、深港通成功后，我们与内地期货交易所深入探讨互联互通、互挂互惠模式，考虑过各种合作方式。我深信在不远的将来，我们一定能在期货领域找到互惠共赢的互联互通机制，实现“商品通”。

在现货战略上，囿于香港的地域狭小，我们的战略选择是“走出去买”和“走进去建”。“走出去买”即海外兼并收购。2012 年，我们成功收购了具有 140 年历史的 LME，走出了并购国际金融基础设施的第一步。“走进去建”就是回到祖国腹地，与内地监管当局或机构深度合作，利用香港的独特优势新建一个扎根内地、服务实体、合规守法的大宗商品现货市场，打通金融进入实体经济的渠道，弥补市场空缺，助推供给侧改革。

“走出去”和“走进去”战略的最终目标是利用香港独特优势，将“走出去”收购的平台与“走进去”建设的平台有效地互联互通，利用自己的国际金融基础设施，加快中国大宗商品市场国际化的进程，真正实现国际大宗商品定价的东移。这对于“一带一路”倡议有着重要意义。“一带一路”沿线涉及60多个国家，预计未来10年中国与沿线国家的贸易额将达2.5万亿美元，其中相当比例将是大宗商品资源，发展潜力巨大。对内地而言，如何有效管理商品价格波动所带来的风险，也将直接影响到“一带一路”倡议下的许多具体项目的顺利推进。“一带一路”沿线有香港和伦敦两个国际金融中心，如果我们的“两条腿并行”的战略顺利实施，就可以把伦敦和香港的国际经验与国家的实体经济需求以前海为节点进行对接。

问 二、香港交易所内地商品交易中心为什么选址前海?

深港两地一衣带水，两座城市在国家的改革开放进程中均肩负特殊使命和独特优势。中央政府在深圳设立前海深港现代服务业合作区，为深港两地更紧密地融合发展提供了平台。深圳前海也是习近平总书记十八大之后到地方视察的第一站，他特别指出前海应该“依托香港、服务内地、面向世界”。李克强总理在2017年两会上提出了要研究制定粤港澳大湾区城市群发展规划，进一步推动粤港澳深化合作。

然而，作为国家经济发展主要引擎之一的华南地区，尚无一家全国性的商品交易市场，必须加快补足短板。

因此，在深圳市政府的支持下，香港交易所联手前海的合作伙伴，共同发挥前海的特殊政策优势，合资筹建前海联合交易中心。2017 年是香港回归 20 周年的重要时刻，前海联合交易中心若能正式开始营运，将是“一国两制”优势下深港合作的一大成果，这也将是香港的主要金融基础设施首次在内地设立金融平台。

问 三、前海联合交易中心是否会与内地期货交易所形成竞争？

前海联合交易中心是一个大宗商品交易平台，我们的定位是立足现货，服务实体，与内地期货交易所形成互补。

自从 2012 年收购 LME 以来，我们对大宗商品市场有了更深刻的认识。全世界的期货市场，对于企业客户来说，其实都是一个小众市场，永远只有少数企业能够通过期货直接去做套期保值。期货的标准化和高杠杆，对企业的知识、观念、管理、资金、人才配备等都提出了较高的要求，也注定了不适合绝大多数的企业（尤其是中小企业）参与。因此也就不难理解为什么国内参与期货交易企业，相对于大量有对冲风险需要的企业数量，少之又少。绝大部分的产业企业没有得到有效的套保避险服务，这些企业多是中小企业，得到有效的套保避险服务，对于他们的稳定可持续发展是至关重要的。可以说，满足这些企业的个性化需求，是服务实体经济的关键，对于推动供给侧改革和调整经济结构、疏通金融进入实体经济的渠道具有重要的作用。

LME 恰好在满足企业个性化需求、服务实体经济方面有着上百年的成功经验，我们希望借鉴 LME 的成功模式和历史经验，在内地打造一个能够有效服务实体经济的大宗商品交易平台，有效弥补这一市场空缺，为绝大多数产业企业服务。如果前海联合交易中心能够有效地服务这些企业，将能促使更多实体企业在前海联合交易中心平台上进行现货交易，同时参与期货市场的套期保值，与期货市场形成互补和良性循环，促进期货市场的机构化和实体化。前海联合交易中心的初心和理想就是希望从现货入手，帮助实体企业茁壮成长。也就是说，既然在定位上有明确的差异，前海联合交易中心与内地交易所定能精诚合作。

问　四、前海联合交易中心和 LME 是什么关系？前海联合交易中心准备如何服务实体经济？

前海联合交易中心既要借鉴 LME 的经验服务于实体经济和产业客户，又绝对不能简单照抄照搬，必须切合中国国情。

诞生于 1877 年的 LME，是一家非常接地气的百年老店，积累了丰富的服务实体经济的经验，包括天天交易、日日交割的个性化合约，遍布世界的交割仓库网络，分级结算的风险管理制度，以及会员自律管理机制等。举个例子，与一般期货交易所仅提供标准化的月合约不同，LME 提供包括日合约、周合约、月合约在内的 195 个合约，紧贴现货交易的习惯，全天候满足企业套期保值交易的个性化需求。因此，LME 不是期货交易所，在国际市场上它通常被同行们公认为是现货交易所。

我们在前海设立前海联合交易中心，就是要创造性地借鉴 LME 服务实体经济的经验，服务内地实体经济。经过 20 多年的发展，中国的大宗商品期货市场取得了举世瞩目的成就，交易量已经占全球市场的一半以上。海外成熟大宗商品市场大多经历了上百年的自然沉淀，由现货市场、中远期市场逐步发展到期货市场，而中国的大宗商品市场是个“跳级生”，在现货市场还不发达的时候直接跳级到了期货市场阶段。现在期货市场很发达，监管充分，风险管控有效，但现货市场却极为分散，没有统一标准，缺乏有效服务，市场发展严重失衡，在国际市场上缺乏足够的定价权。

针对这一现状，前海联合交易中心将会借鉴 LME 经验，以服务实体经济为己任，培育以机构客户为主的现货市场。前海联合交易中心不做小散户的生意，只服务机构客户，尤其是中小产业企业。具体而言，第一，打造可靠的仓储和便利的物流，建立 LME 式的交割仓库网络和行业信用；第二，围绕企业需求，为大宗商品使用者、贸易商、物流商和金融中介等各方提供安全、高效的大宗商品现货交易、融资、仓储物流及供应链管理等一系列综合服务；第三，创新服务模式，最大限度降低企业的资金成本和交易成本，尤其降低中小产业企业套期保值的成本，为他们提供更加个性化的服务。

问　五、内地有上千家大宗商品交易平台，前海联合交易中心与它们有什么不同？

目前内地有超过 1 000 家大宗商品交易平台，但信誉和规范程度良莠不齐。这种现象反映了内地大宗商品交易服务无法满足实体经济巨大的需求，同时大规模的发展乱象也为有效监管带来了巨大挑战。

在我看来，一个成功的大宗商品交易平台必须至少具备以下三大核心要素，缺一不可。

（1）强大公信力。只有强大的公信力才能吸引市场各方在一个可靠的平台上放心地交易。

（2）强大的实力及对大宗商品交易的深度认识。大宗商品交易的复杂性、规模化与国际化注定了交易平台必须拥有强大的财力、物力和领导力。

（3）良好的风险管控能力。作为世界上最大的交易所集团之一，香港交易所同时是 3 家交易所、5 家结算所的运营机构和一线监管机构，业务横跨欧亚市场，运营着市值超过 30 万亿港元的港股市场和每年成交额高达 10 万亿美元的全球金属市场。在风险管理领域，香港交易所符合所有国际标准的要求，是全球所有主要市场认可的中央结算对手。

今天 1 000 多家的交易平台中能满足以上条件的平台寥寥无几。一个交易平台如果没有强大公信力，则很难整合现货交易行业生态，无法实现有效服务实体经济的理想；如果没有强大的实力和精耕细作的定力，则很容易走上变相期货交易、诱使散户参与的不归路，最终给老百姓造成损失，也为政府和监管者带来监管挑战。

香港交易所与深圳前海共同筹建的前海联合交易中心具有上述三大优势。我们希望自下而上地建设一个创新型大宗商品交易平台，踏踏实实地立足现货，树立新的行业标杆，在充分管控风险的同时，满足实体经济中最迫切的需求。

问 六、如何看待内地清理整顿各类不规范交易平台?

我们坚决支持监管机构清理整顿各类不规范交易场所，只有清除害群之马，才能为行业发展营造良好的市场环境。

监管机构工作的核心是清理与整顿，而不是简单的封杀关闭，目的是为了市场能更好更安全地发展，更有效地服务实体。从这个意义上看，前海联合交易中心生逢其时。

从表面上看，这次清理整顿聚焦在集合竞价、保证金交易、中远期交易或类期货产品上，反映了这些产品和交易模式在一个散户主导的不成熟市场很容易被滥用，特别是在欺诈个人投资者方面。因此，现阶段大力整治不仅必要，而且及时，有利于防范风险升级。

与此同时，有识之士也都明白，在一个监管到位、以机构为主的成熟市场，中远期交易是全球大宗商品交易的最基本模式，本质上是中性的交易工具，是服务实体经济离不开的必要交易模式。

因此，我们相信清理整顿是一个正本清源的过程，我们也相信监管机构的智慧和远见。在清理整顿工作结束后，相关的监管制度和规则应该会更加完善和有效。

问 七、目前的清理整顿会不会影响前海联合交易中心的正常开业?

前海联合交易中心尚未开业，因为我们还有大量的基础准备工作没有完成，目前我们正在加紧准备中。

在今天清理整顿的大背景下，前海联合交易中心一定不忘初心，合规经营，深耕细作。在推出时间、模式、产品等方面做到合法合规，助力内地大宗商品市场的长期健康发展。

有媒体经常问我，前海联合交易中心到底何时开业？这个答案其实并不重要。由于我们着眼于现货，大量投入和准备都有利于未来长期的发展，因此关注第一个产品究竟何时上线其实并没有太大意义。

有朋友曾给我讲过一个关于竹子生长的故事，我在这里跟大家分享一下。据说在成长的前几年，竹子只能长几厘米，可能还出不了土。进入第 5 年，竹子就开始以惊人的速度成长，一天就能长几十厘米，这是因为竹子利用前几年的时间已经深深地在土壤里扎下了根，积蓄了丰富的营养。竹子的成长经历和信念也适用于今天的前海联合交易中心。我们对未来充满信心，我们会踏踏实实、一步一个脚印地迎接“第 5 年”的到来。

2017 年 5 月 11 日

53

黄金双城记

2017 年 7 月 10 日是个大喜的日子，香港交易所集团的三只“黄金宝贝”分别在香港和伦敦诞生了！它们就是在香港交易所上市的人民币黄金期货、美元黄金期货和在伦敦金属交易所（LME）上市的美元黄金期货。

这是我们第一次在旗下的两大交易所同时推出两地双金，也是我们第一次推出人民币黄金，也是香港第一次推出可以实物交收的黄金期货。这三只“黄金宝贝”的三个“第一次”反映了我们商品与货币发展的重要组合战略。推出两地双金，可以横跨时区，影响全球商品定价；推出双币黄金，可以横跨货币，引领人民币离岸汇率与利率发展；推出实物交割，可以横跨期货与现货，实现黄金、美元、人民币三价完美合一。

在此，我想跟朋友们分享一下这三只“黄金宝贝”的诞生故事。

问 一、为什么推黄金？定价黄金，发展商品。

这是我们提升香港交易所集团大宗商品定价能力的重要一步。定价能力是一个金融中心的核心竞争力，要成为一个真正的国际金融中心，就必须具备为公司、商品、货币等多种资产定价的能力。作为重要的避险资产，黄金在全球各大金融市场都是一大重要资产类别，扮演着重要角色。香港交易所在《战略规划 2016—2018》中明确提出，要发展成为国内国际客户寻求中国投资机遇的全球首选跨资产类别交易所，在大宗商品业务方面，要根据市场需求增加贵金属产品供应。

统计数据显示，中国目前已是世界上最大的黄金生产国和消费国，中国内地每年进口的黄金占全球实物黄金供应量的 1/4 左右，而香港近年来实物黄金贸易一直十分活跃，已成为内地的主要黄金进口地。如此大的进出口贸易量决定了香港市场存在着管理黄金价格波动风险的巨大需求，完全有条件发展成为亚洲的黄金定价中心。

遗憾的是，由于目前亚洲尚无具有国际影响力的黄金定价中心，黄金的国际定价权主要集中在伦敦和纽约，即使从香港出口内地的黄金贸易，也要参考伦敦或纽约的基准价格来定价。

我们今天在香港推出的人民币黄金期货和美元黄金期货正是为了满足业界和投资者长期以来的投资和风险管理需求，我们在伦敦推出的黄金期货则将丰富 LME 的产品体系和提升伦敦黄金市场的价格发现功能与透明度。

假以时日，我们希望能够把香港建设成为世界最重要的黄金定价中心之一，形成具有国际影响力的黄金基准价格。

问 二、为什么推两地双金？横跨时区，影响全球。

此次推出的两地黄金期货合约各有特点，旨在满足香港和伦敦两地市场不同的需求。例如，香港黄金期货从香港时间上午 8 时 30 分一直交易到翌日凌晨 1 时，而伦敦黄金期货则可以 24 小时交易；香港的黄金期货分别以人民币和美元计价和交易，而伦敦黄金期货仅以美元计价和交易；香港的黄金期货是月合约，而伦敦黄金期货则涵盖现货、日合约和月合约。

尽管两地黄金期货产品的设计不同、合约不能相互替换，但都是集团发展大宗商品贵金属业务的重要战略部署，筹备时间相近，同时推出可以发挥协同推广效应，有效利用集团资源。而且，两者同时推出，有望相互促进，相互呼应，提升跨时区场内黄金产品的交易需求和流动性。

问 三、为什么推双币金？黄金美元人民币，汇率利率一起抓。

目前市场上的黄金期货多以美元计价和交易，我们今天在香港推出的黄金期货特别增加了人民币计价和交易合约，主要是为了满足离岸人民币的投资需求，为投资者提供更多选择。

众所周知，香港目前已经是全球最大的离岸人民币中心，提供包括股票、债券、人民币期货、人民币期权在内的一系列离岸人民币投资产品。以人民币计价的投资产品越丰富，香港作为离岸人民币中心的优势就越稳固。随着人民币国际化进程的推进和债券通的开通，对于离岸人民币产品的投资需求也会越来越大，这是香港难得的机遇。我们推出的人民币（香港）黄金期货将为离岸人民币的持有者提供新的投资选择，也将有助于推进人民币国际化进程。

随着人民币国际化的稳步推进，有效管理离岸人民币汇率和利率对广大投资者来说都变得异常重要。将具有特殊货币属性的黄金交易放在美元与人民币一对合约中同时交易，有利于促进离岸人民币汇率与利率市场化的健康发展与完善。

问　四、最大看点是什么？黄金美元人民币，实物交割三合一。

如前所述，黄金产品在全球金融市场都是交易活跃的品种，很多交易所都推出了黄金期货。不过，香港交易所是世界上唯一一个同时提供人民币、美元双币黄金期货和人民币兑美元期货的交易所。这应该是此次推出的香港黄金期货的最大看点。由于人民币、美元双币黄金期货到期后均以实物交收，而交收的黄金规格是一模一样的，因此在交收日，两张黄金期货合约的内在价值是相等的，这意味着将交收日人民币（香港）黄金期货的结算价和美元黄金期货的结算价相除，可以产生一个人民币兑美元汇率。

理论上，这个汇率应该与当时的人民币兑美元期货结算价十分相近。一旦两个汇率价格偏离，就会出现套利机会，市场上就会有“聪明人”和“聪明钱”通过两边交收的形式获利。对于更加专业的投资者，还可以关注双币黄金形成的汇率和人民币汇率期权产品的价格差，丰富自己的投资策略。因此，通过实物交割形成黄金、美元、人民币的完美三合一，应该是此次推出的香港黄金期货的最大看点。

最后，我衷心祝愿这三只“黄金宝贝”在香港和伦敦两地茁壮成长，希望它们能为两地市场带来新的生机和活力！

我年轻的时候选了文科，最怕人家说：学好数理化，走遍天下都不怕。今天工作在交易所，希望有个新的说法：黄金美元人民币，走遍天下都不怕。

2017 年 7 月 10 日

第六部分

随想录

尽管世界变得撕裂和难测，心怀希望和梦想的人们，只要不懈努力，总会一点一点进步。即便是面对挫折身处逆境，不要绝望，梦还是要做的！若处处自我设限不敢想、不尝试，梦想未圆又能怪谁？

54

给圣诞老人的一封信

一年将近，又到了该总结过去展望未来的时候了，可是写工作总结实在不是我的强项。望着窗外满街的圣诞灯饰和孩子们欢笑的脸庞，我突发奇想，何不像小孩子一样给圣诞老人写封信，报报平安，讨些祝福？于是，就有了下面我这辈子写给圣诞老人的第一封信。

亲爱的圣诞老人：

您好！一年又快要过去了，2014 年是香港交易所大家庭非常不平凡的一年，家里的事情实在太多了，忙得我都差点忘了给您老人家寄我们的心愿清单。现在刚好有了一点空闲，我想跟您分享一下我们家今年的好消息，当然，还有我们希望在今年的圣诞树下收到的您的礼物。

首先，我终于成功减肥了！由于坚持不懈地参加足球比赛，我今年终于瘦了将近1千克，这点重量对于大部分人来说可能不算什么，但您是知道的，对于我这样管不住嘴的吃货来说，减肥是一件多么困难的事！您知道吗，这个月我们才跟深圳证券交易所的足球队踢过一场球，我们1∶1踢平了，我特别感谢队长让我踢了整个半场，尽管全场下来我基本没碰到球，但我还是感到很自豪。不知道明年您可不可以多送我几个进球？要不然我在小伙伴面前还挺不好意思的。

事实上，不单是我，我们交易所大家庭的每个成员今年都应该得到您的奖励。为了让我们的家更加宽敞、更加漂亮，他们每天都像您手下的小精灵一样辛勤工作，不辞劳苦，如果您的预算允许的话，请给他们每个人都准备一份他们最想要的圣诞礼物吧！

以我们的IT精灵为例，他们每天都兢兢业业地守护着我们的家园，防患于未然，不让任何停机纰漏的事故发生，这一点相当不容易，我要为他们的敬业点赞。2015年，我们还希望在香港大屋里做一些重新布置和装修，包括搭建收市竞价和市场波动调节机制，让我们的家可以更加坚实牢固。顺便说一句，他们已经连烟囱都打扫得干干净净了，您下来给我们送礼物的时候完全不用担心弄脏衣服。

2014年，我们房子新添的东、西两个“商品翼”也搭盖得很不错；我们花了很大力气装修了两年前买下的LME餐厅，现在已经完全整合成为我们房子的商品西翼，成为我们大院不可分割的一部分。我们又在房子内新建了一套全新的水暖系统LME结算所，让我们在运作上拥有完全自主权，邻居们都称赞不已。

我们还成功搭建起了LME餐厅的“东翼”厨房——香港交易所亚洲商品平台，这个厨房已经推出首批新“菜品”：三个小型金属合约。新菜品往往需要时间才可成为家常菜，但我们有信心、不焦急。

对了，为了给顾客提供更优质的食物和服务，今年我们也宣布将稍微提高一下LME西翼餐厅菜单上的价格，但我相信提价之后我们的餐厅仍会门庭若市。将来，我们会利用增加的收益开发更多新的菜品，同时也会把我们的“东翼”厨房装饰得更漂亮，连通西翼餐厅，为新旧客户提供更有吸引力的餐单。

2014年我们最大的好消息就是辛苦筹备了两年的沪港通大桥终于通车了！这座大桥能够建成并顺利通车，多亏了两个交易所全体同人齐心协力，也要衷心感谢香港证监会和中国证监会两位警察的日夜巡逻，他们的辛勤工作为桥上的交通安全提供了坚实保障。拜托您不要忘了给他们也准备圣诞礼物！

虽然目前这座新桥上的车流量还不多，但我们已经有了一个好的开始，下一步我们会加快辅路建设，并着手完善桥上的指示牌、加油站和快餐店等配套实施，为即将使用这座大桥的人们提供更多的方便。我相信，2015年这座大桥一定会变得很热闹，届时有可能还需要建新的桥，毕竟，没桥的日子太久了。

当然，2014 年也不是完全顺风顺水。一群从阿拉伯远道来的朋友原本打算来我们家做客，但最后未能如愿。主要是因为要接待他们，就必须对我们的房子做大的装修和改造，可是这么大动作的改造不征得左邻右里的同意是没法开工的。好在我们现在已经开始讨论是否应该为了将来考虑作必要的改造。尽管有些波折，我们的家 2014 年仍然宾客盈门，热闹非凡。

除了工作上的好消息之外，我们也有很多生活上的好消息与您分享。2014 年我们这个大家庭中共有 21 位成员步入了婚姻的殿堂，还有 28 个宝宝诞生，记得给他们准备一点特别的礼物哦！

最后，我希望在新的一年里我们每个人都能健康快乐、工作顺利，这也是您能送给我们的最好的礼物。我热切期盼您的到来，实现我们所有的愿望！

祝节日愉快！

李小加

2014 年 12 月 22 日

55

再给圣诞老人写信

2014 年我给圣诞老人写了一封信，他真的给我们送来了不俗的一年。我在想：2015 年是不是应该再给圣诞老爷爷写封信祈求些祝福，还是说先跟我女儿讨论一下此事？毕竟，香港交易所已经有很多超级英雄了，我们员工周年晚会的主题就是“超级英雄”，既然有这么多超级英雄，是不是就不用祈求祝福了？可是，我女儿肯定会说：“做超级英雄？别逗了，爸爸，你还是先练好足球射门的技巧吧！”是的，香港交易所的同事虽然非常能干也很努力，但毕竟没有超能力，而且超级英雄也不送礼物。不说那么多了，我还是赶快动手吧，不然就赶不上圣诞老爷爷送礼物的雪橇啦！

亲爱的圣诞老人：

您好！谢谢您去年送给我们那么多精美的圣诞礼物。托您的福，今年咱们香港交易所平平安安，我十分感恩。

在即将过去的这一年里，香港交易所的同事工作格外辛苦。在他们的共同努力下，沪港通这座大桥已经安全平稳运作一年了，各项指标都很正常。目前，他们正在为大桥下一步的扩容和完善而忙碌，同时也为新的大桥开通做好了准备。

2015 年是 LME 商业化运作的第一年，也是 LME 结算所建成后正式投入运营的第一年。值得高兴的是，这两个项目都已经初见成效，都为香港交易所集团的经营业绩做出了不少的贡献。

当然，和往年的天气一样，市场总是风云多变。2015 年北边的市场天气尤其多变，先是春天来了一场大牛市，燥热无比，紧接着夏天来了一场大暴雨，气温骤降。幸好久经风雨的香港市场能够处惊不变、沉着应对，顺利经受住了这场暴风雨的考验。经过这场风雨，香港再次向人们展示了一个世界金融中心的成熟和稳健。作为香港金融界的一员，我内心深怀感激，也为香港感到自豪。

2015 年，我们还推出了好几种新产品。不久前，我们刚刚推出了 34 只新股票期货和第二批伦敦金属期货小型合约，2016 年我们还要推出更多新的衍生产品来丰富我们的产品线。这些新产品刚推出时交易量都不会很大，但是就像筹办嘉年华会一样，要是我们的嘉年华会只有一两个游乐项目可玩，肯定无法吸引很多顾客光临。只有提供丰富多彩的娱乐项目、表演和游戏，客人才会络绎不绝。我们近期推出的新产品只是我们的开场白，未来我们推出的产品会吸引更多新的市场参与者，尤其是内地庞大的投资者群体，到那时，希望我们的嘉年华会将是最大、最热闹、最受欢迎的场所！

跟您说说我的心愿吧！首先，我希望交易所的所有小伙伴能够齐心协力，不断提升整个市场的质素。就像我们员工年度晚会的主题是“超级英雄”，小伙伴纷纷扮上各种英雄造型粉墨登场，格外威武。可是，我们都知道，超人只存在于电影里，我们不能指望超人来除恶扬善，更不能指望他们来维护市场秩序。要维持市场的活力和秩序，还得靠监管机构、市场各界和交易所的小伙伴全力以赴。2015 年，我们已经完成了市场波动调节机制及收市竞价交易时段的市场咨询，2016 年就要正式推出这两项机制了，希望能够在您的圣诞树下收获市场对这两项市场机制的大力支持。有了这两项机制，我们的市场就可以与国际市场更加接轨，也更加坚实稳固。对了，差点忘了告诉您，我们马上就要宣布我们未来三年的战略发展规划了，大家都对此十分期待。您要是方便的话，2016 年 1 月也可以听一听，真希望您能帮助我们实现这些宏图大计！

还有一件事也希望您能帮我们个“大忙”。上周我们和深圳交易所足球友谊赛 0∶1 输了，队长拍着我的肩膀让我下半场多进球，可惜我只有一次机会碰到了球，虽然友谊第一比赛第二，或许您 2016 年能顺手让我们也进一两个球？

此外，我还希望您能给我们交易所的每位同事都带来惊喜。一直以来，他们兢兢业业、辛勤工作，正因为他们的汗水和付出，香港交易所才能成为全球一大领先的交易所集团。他们今年工作特别辛苦，您得好好鼓励他们一下哦，圣诞夜时给他们多送些礼物吧！

最后，我想感谢每一位辛勤工作的同事和支持香港交易所的朋友们。新年的钟声即将敲响，我衷心希望大家在新的一年里健康快乐、心想事成！

祝节日愉快！

李小加

2015 年 12 月 20 日

56

“妮妲”闲叙

托台风“妮妲”小姐的福，我今早难得不用上班，不仅悠闲地在家吃了早餐，还美美地睡了个回笼觉，10 点钟才被手机上微信的提示音吵醒。不看不知道，一看吓一跳，原来小伙伴们一大早就开始在微信群里热烈地讨论“妮妲”啦，讨论热度丝毫不亚于我们董事会的头脑风暴。

香港朋友 A: 8 号风球居然还挂着，今天上午有台风假啦！看来“力场效应”这次没有起作用，哈哈哈……

香港朋友 B: 还真是，以前香港天文台总是半夜挂 8 号早上又换 3 号，就赶在你上班前那几小时临时降风球，不给人放假的机会。这次居然 8 号风球一直挂到现在，就看能不能坚持到 12 点了，要是 12 点还挂着，我今天都不用去银行了。好幸福！

深圳朋友 A: 8 号风球很严重吗，而且不是预报说下午一点前就改挂 3 号风球了吗，为什么香港下午还要停市？说好的国际金融中心呢，怎么刮个台风就停市了？我们深圳不也刮风了，股市还不是正常运作？一下午不交易，这市场得损失多少啊？

香港朋友 A：一上来就说钱，俗！人命关天，安全最重要。况且周二就可以享受周末待遇，求之不得啊！

香港朋友 B：这是香港特有的一种天气警告。因为香港是台风多发地区，所以很早就形成了一套成熟的台风预警机制来保护市民的人身安全，好像 1884 年就有了，后来经过多次修改，目前香港一共有 1、3、8、9、10 共 5 风球。8 号已经很严重了，如果挂 8 号风球，依照政府规定，学校要停课，电车、缆车及绝大部分巴士路线停驶，银行暂停营业、交易所休市、货柜停止交收。

深圳朋友 A: 其实台风的风向对于台风登陆后的影响很大，如果风向不同，即使是同样的风速，带来的影响差别也是很大的。香港目前的台风预警制度好像主要考虑风速，有时台风影响并不大，但还是挂着 8 号风球，是不是太死板了，不够与时俱进啊？应该根据不同的台风风向进行更科学的预警，现在有些停市也许是可以避免的。

香港朋友 B：香港的台风预警制度虽然未必最科学，但简单清晰、可预见性强，上至高官、下至百姓都知道台风天应该做什么、不应该做什么，秩序井然。

深圳朋友 B：刮台风就可以不开市了？一大早冒雨去公司的深圳人民表示很羡慕，我们证券公司今天完全照常运营，台风放假这种好事我们怎么从来没赶上？

香港朋友 A：@ 深圳朋友 B，你们跟我们这边的市场不一样：你们内地电子交易化程度高，股民都是手机下单，就算银行和证券公司不开门，只要交易所和证券公司的 IT 系统正常运营，大家可以照常交易，毕竟停市会影响全国啊；香港市场还是很依赖券商和银行的，如果银行券商都停业，@ 小加想开市也开不了啊？小加你说是不是？

深圳朋友 B：有道理。深交所之所以有底气台风天开市，最主要还是因为沪深两地市场是可以统一管理运作的，沪深两市交易所相当于互相备份，只要深交所数据中心正常运作，即使深圳市因台风停工，全国股民照样可以交易深市股票！

上海朋友：小加这么久没反应，肯定还在睡懒觉！上交所和深交所的老总们只能表示羡慕嫉妒恨啦，等他来了我强烈要求他给每个早上上班的哥们派发红包一个。

纽约朋友：同意。

芝加哥朋友：同意 +1。

深圳朋友 C: 我这里怎么好像要出太阳了？“妮妲”就这样过去了吗？感觉这一届台风不行啊，哈哈。

2016 年 8 月 2 日

57

常怀希望与梦想

时间过得真快，转眼又快到圣诞节了。2016 年即将成为过去。

回想这一年，我不禁感叹我们老祖宗的智慧与远见——猴年当下，万事难测。

2016 年的“意外”真是太多了：英国选民好好的就突然决定脱欧了；美国人民选着选着就选出了特朗普；而香港地区也有些始料不及的变化！借用一句歌词来形容：不是我不明白，只是这世界变化太快。

值得安慰的是，尽管世界变得撕裂和难测，心怀希望和梦想的人们，只要不懈努力，总会一点一点进步。即便是面对挫折、身处逆境，不要绝望，梦还是要做的！

曾几何时，我也在做着一些遥不可及的梦。比如，当我还是石油工人的时候，有次培训后和同伴路过广州中山大学，看着戴着校徽进进出出的大学生们，无比羡慕，多想自己有一天也能像他们一样背着书包潇洒地走在校园中；刚刚在北京工作的时候，我很向往外面的世界，梦想可以去美国留学，可是签证三次被拒，我是多么的绝望与无助；后来到了美国，口袋里没有几分钱，我的梦想是可以随便走进麦当劳，想点几个鸡翅就点几个，不用先算计口袋里的钱；再后来，我就梦想着哪天能拥有一辆不会常常抛锚、不用天天修理的汽车，因为在美国，汽车就是我的双脚，而我的二手车实在太破了……

今天看来，这些也许都只是小心愿，根本称不上“梦想”，但在当时，它们却都是“痴心妄想”。

几年前，当我们刚刚开始构想和内地市场互联互通，要把更多资金带入香港市场时，不少人也认为这是“痴心妄想”：“两地市场存在巨大差异，怎么可能直通呢？”幸运的是，香港交易所的同事不仅是梦想家，更是实干家，在大家的共同努力下，曾经看上去根本不可能实现的沪港通和深港通机制如今都已经成为了现实。

无独有偶，以前不少人认为香港发展大宗商品市场无异于痴人说梦，但我们前几年收购了伦敦金属交易所（LME），并逐渐布局“商品通”战略，同时积极筹备在深圳前海设立大宗商品交易平台。我们现在梦想着要做的事情，今天看来可能遥不可及，挑战重重，但5年后却可能是现实。

所以，做人一定要心怀希望和梦想，敢想才能敢做，敢做才有可能实现梦想！若处处自我设限不敢想、不尝试，梦想未圆又能怪谁？

值此圣诞佳节之际，我想衷心感谢香港交易所全体同人的辛勤工作，也感谢我们的合作伙伴、两地监管机构和中介机构的大力支持。没有你们的付出，就没有深港通的顺利开启；没有你们的付出，我们的很多梦想都不能成真。

祝愿所有的朋友新年进步，常怀希望，梦想成真！

2016 年 12 月 19 日

58

播种与收获

2018 年 1 月 24 日是香港交易所一年一度的媒体见面会。每年大约这个时候，我们会跟媒体朋友们一起回顾过去一年的发展，分析这一年发展背后的原因，并展望未来努力的方向。

2017 年的回顾

在股票市场方面，我们启动了香港市场近 25 年来最重大的一次上市制度改革，通过市场咨询集思广益，我们在迎接新经济公司来港上市方面实现了历史性的突破。我们希望 2018 年 6 月底后新经济公司就可以按新规则申请上市。

在债券市场方面，我们在香港回归祖国 20 周年之际迎来了意义深远的北上债券通。债券通对于中国资本市场有序可控地开放和人民币国际化都会产生重大的影响。

在定息及货币产品方面，我们的人民币兑美元期货成交稳步增长，在此基础上，我们推出了人民币货币期权，为投资者管理人民币汇率风险提供了新的管理工具。

在大宗商品市场方面，我们推出了香港首对可以实物交收的人民币（香港）黄金期货及美元黄金期货，还推出了首只黑色金属产品——铁矿石期货。与此同时，我们基本完成了伦敦金属交易所（LME）的商业化改革，确定了中长期的仓储与交易费用结构。我们也在继续努力，为前海大宗商品现货交易平台开业做准备。

我们整个市场这么多年来的努力也越来越充分地体现在 2017 年的市场表现中：香港交易所的股票现货平均每日成交金额达到 880 亿元人民币，较 2016 年增长超过 30%，2018 年以来，日均成交额已经超过 1 400 亿元人民币；2017 年衍生品市场的每日平均成交量创出了 873 000 张合约的新高，2018 年以来的 16 个交易日中，已经有 11 个交易日，我们的衍生品成交量保持在一百万张合约以上；我们整个证券市场的总市值在 2017 年底达到了 34 万亿元人民币，创历史新高，同比增长 37%。在上周，港股总市值更首次超越了 36 万亿元人民币。

此外，沪港通及深港通的南北向成交量均显著增加：2017 年北向成交总额达 22 660 亿元人民币，同比增长 194%；南向成交总额达 22 590 亿元人民币，同比增长 170%。更可喜的是，沪深港通双向均出现了大幅资金净流入，为两地市场都带来了新的活力，实现了互利、互惠、共赢的良好局面。

2017 年初获丰收的原因

之所以能在 2017 年取得这样的丰收，离不开同事们的辛勤工作、业界的多方努力与香港特区政府和监管部门的大力支持，也离不开我们前几年的辛勤耕耘。当然，更离不开前辈们当年的勇敢开拓，他们打下了香港股票市场坚实的根基，为我们今天在互联互通、上市改革以及新资产类别方面开拓创新提供了勇气和底气。

2016 年，我们制定了《2016—2018 战略规划》，首次提出了连接中国与世界、重塑全球市场格局的愿景，致力于发展成为中国客户以及国际客户寻求中国投资机遇的全球首选跨资产类别交易所。这两年，我们一直在朝着这一愿景努力。一方面，我们倾力打造和不断完善连接两地市场的互联互通平台，为内地投资者和海外投资者提供更多便利和选择；另一方面，我们推动了上市制度改革的进程，以提升香港作为上市地的竞争力。与此同时，我们围绕股票、大宗商品及定息和货币产品三大资产类别，不断丰富我们的产品，满足市场不断变化的需求。

如今，两年过去了，战略规划中所列的很多目标要么已经实现，要么将在 2018 年全面实施，但也有一些还没有实现或者看上去难以实现，特别是在大宗商品领域中的努力。庆祝成功、历数成就很容易；梳理困难、直面挫折则很难。也许有朋友会问，既然当初明知这些目标很难实现，为什么还要朝这些方向努力？为什么还要把它们放在战略规划中？是不是制定规划的时候太不切实际了？怕不怕市场会失望？

这个问题让我想到了播种与收获的关系：播了种、精心耕耘，未必会有收获；但是如果今日不播种，明天一定不会有收获。香港交易所的运营颇有点像农夫过日子：农夫最早是种水稻（香港本地股票）的，只要付出辛勤的努力，每年肯定会有收成的，但收成的好坏基本靠天（股票成交量），后来农夫为了增加收成，决定引入北方的麦子（H 股）。而新经济的到来，又让农夫意识到不能光种粮食，必须学会种植经济价值更高的蔬菜（新经济公司），农夫必须进一步改良土壤（上市制度改革），学会使用农药化肥和管理使用中的风险。与此同时，为了摆脱靠天吃饭的窘境，农夫开始开沟筑渠、改良灌溉（南水北上、北水南下），争取旱涝保收。

展望未来

农夫并不想止步于此，还想尝试更多经营，比如开荒种树，发展更有前景和竞争力的果树种植和木材业务（大宗商品、债券货币）。因为农夫以前从来没种过蔬菜和果树，更没有想过开拓一片森林，难免经历不少失败和挫折，但是农夫始终坚持不肯放弃。为了让子孙后代过上更好的生活，他在种好粮食的同时，必须坚持摸索和学习种好蔬菜和果树的方法，必须从传统种植向现代农业进发。

我们要学习这个农夫，在粮食丰收的时候能够居安思危、未雨绸缪，不仅为当下努力耕耘，更要为将来播下希望的种子，为未来发展及早布局，营造市场发展的良好生态环境。只有这样，我们的市场才能不断壮大和发展。

这几年我们的战略计划已经成效初显。未来，内地将提升金融市场对实体经济的服务，进一步加大对外开放；与此同时，世界对投资中国的兴趣也将稳步提高。新的形势将带来新的机会，我们更加坚定了在香港连接内地与世界的信心，今天的耕耘和播种，将为我们明天实现梦想打下坚实基础。

不是每一个农夫都能做这么大的梦，但拥有“一国两制”优势、背靠强大内地市场、面向全球的香港资本市场有能力、有希望，也有责任去追寻这个梦想，实现这个梦想。只有这样，香港才能成为真正的国际金融中心；只有这样，我们才能不辜负这个充满机遇的时代！

在接下来的日子里，让我们一起继续辛勤播种，用心耕耘，用信心与希望追求梦想，用淡定与冷静面对挫折，静待花开！

2018 年 1 月 24 日

免责声明

本书所载数据及分析只属信息性质，概不构成要约、招揽、邀请或推荐买卖任何证券、期货合约或其他产品，亦不构成提供任何形式的建议或服务。书中表达的意见不一定代表香港交易及结算所有限公司（香港交易所）的立场。书中内容概不构成亦不得被视为投资或专业建议。尽管本书所载资料均取自认为是可靠的来源或按当中内容编备而成，香港交易所及其附属公司、董事及雇员概不就有关资料（就任何特定目的而言）的准确性、适时性或完整性作任何保证。香港交易所及其附属公司、董事及雇员对使用或依赖本书所载的任何数据而导致任何损失或损害概不负责。

未来，属于终身学习者

我这辈子遇到的聪明人（来自各行各业的聪明人）没有不每天阅读的——没有，一个都没有。巴菲特读书之多，我读书之多，可能会让你感到吃惊。孩子们都笑话我。他们觉得我是一本长了两条腿的书。

——查理·芒格

互联网改变了信息连接的方式；指数型技术在迅速颠覆着现有的商业世界；人工智能已经开始抢占人类的工作岗位……

未来，到底需要什么样的人才？

改变命运唯一的策略是你要变成终身学习者。未来世界将不再需要单一的技能型人才，而是需要具备完善的知识结构、极强逻辑思考力和高感知力的复合型人才。优秀的人往往通过阅读建立足够强大的抽象思维能力，获得异于众人的思考和整合能力。未来，将属于终身学习者！而阅读必定和终身学习形影不离。

很多人读书，追求的是干货，寻求的是立刻行之有效的解决方案。其实这是一种留在舒适区的阅读方法。在这个充满不确定性的年代，答案不会简单地出现在书里，因为生活根本就没有标准确切的答案，你也不能期望过去的经验能解决未来的问题。

湛庐阅读APP：与最聪明的人共同进化

有人常常把成本支出的焦点放在书价上，把读完一本书当做阅读的终结。其实不然。

时间是读者付出的最大阅读成本

怎么读是读者面临的最大阅读障碍

“读书破万卷”不仅仅在“万”，更重要的是在“破”！

现在，我们构建了全新的“湛庐阅读”APP。它将成为你“破万卷”的新居所。在这里：

- 不用考虑读什么，你可以便捷找到纸书、有声书和各种声音产品；
- 你可以学会怎么读，你将发现集泛读、通读、精读于一体的阅读解决方案；
- 你会与作者、译者、专家、推荐人和阅读教练相遇，他们是优质思想的发源地；
- 你会与优秀的读者和终身学习者为伍，他们对阅读和学习有着持久的热情和源源不绝的内驱力。

从单一到复合，从知道到精通，从理解到创造，湛庐希望建立一个“与最聪明的人共同进化”的社区，成为人类先进思想交汇的聚集地，共同迎接未来。

与此同时，我们希望能够重新定义你的学习场景，让你随时随地收获有内容、有价值的思想，通过阅读实现终身学习。这是我们的使命和价值。

湛庐阅读APP玩转指南

湛庐阅读APP结构图：

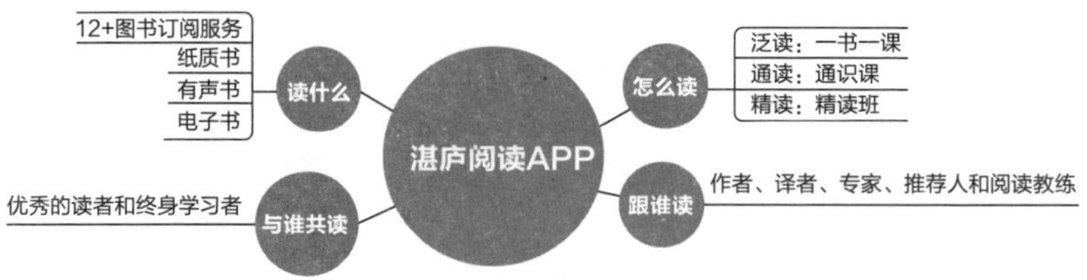

三步玩转湛庐阅读APP：

APP获取方式：

安卓用户前往各大应用市场、苹果用户前往APP Store 直接下载“湛庐阅读”APP，与最聪明的人共同进化！

使用APP扫一扫功能，遇见书里书外更大的世界！

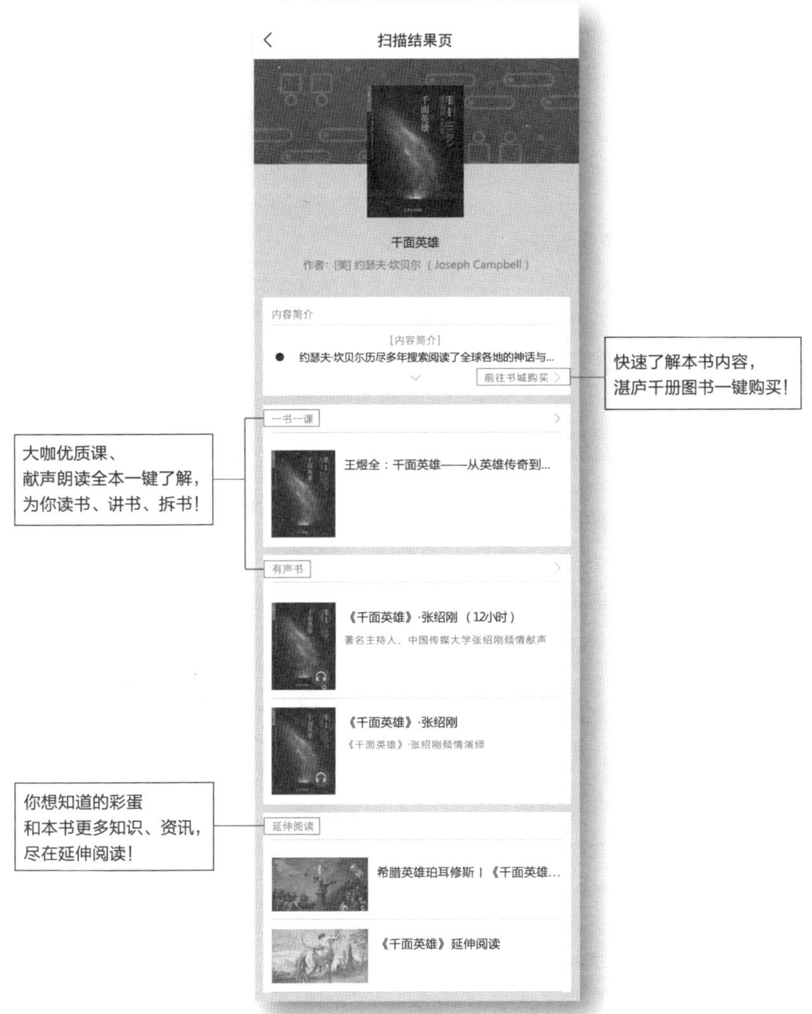

湛庐CHEERS

延伸阅读

《打造人民币离岸产品中心：香港交易所的创新产品巡礼》

- ◎ 香港交易所权威作品，系统梳理互联互通、人民币产品新进展！
- ◎ 香港交易所集团行政总裁李小加专文作序！
- ◎ 香港交易所首席中国经济学家巴曙松主编！

《2017年中国资产管理行业发展报告》

- ◎ 中国银行业协会首席经济学家巴曙松带领团队，连续12年权威发布，堪称"中国资产管理行业的年度晴雨表"，被公认为资产管理从业者必备书。
- ◎ 聚焦互联网金融等热点话题，透过抽丝拨茧式细致分析，解读新兴力量的发展脉搏、商业模式，并对于传统资管企业如何应对全新挑战提供思路和方法。
- ◎ 通过对政策的深入解读，以及对世界资管格局的洞察，深入股票、债券、保险等子行业，揭示整个资管行业未来的总趋势。

《证券分析》（原书第6版）

- ◎ 投资者的圣经，巴菲特灵魂导师、"华尔街教父"本杰明·格雷厄姆不朽巨著。
- ◎ 中国银行业协会首席经济学家巴曙松领衔业内专业人士全新翻译。
- ◎ 上海证券交易所总经理黄红元，国泰基金管理公司总经理金旭，兴业银行行长李仁杰鼎力推荐。

《共同基金常识》（10周年纪念版）

- ◎ 指数基金教父约翰·博格先生的心血力作，历经市场十年洗礼之后的升级版，堪称投资界的经典必读书。
- ◎ 中国银行业协会首席经济学家巴曙松领衔翻译。
- ◎ 高瓴资本创始人兼首席执行官张磊、中国人民保险集团副董事长缪建民、耶鲁大学首席投资官大卫·斯文森专文作序推荐。

责任编辑：王雪珂
责任校对：孙　蕊
责任印刷：张也男

图书在版编目（CIP）数据
互联互通的金融大时代：小加随笔 / 李小加著 —北京：中国金融出版社，2018. 10
ISBN 978-7-5049-9606-0
Ⅰ . ①互…　Ⅱ . ①李…　Ⅲ . ①资本市场 - 概况 - 香港　Ⅳ . ① F832.51
中国版本图书馆 CIP 数据核字（2018）第 122278 号

上架指导：经济趋势

版权所有，侵权必究
本书法律顾问　北京市盈科律师事务所　崔爽律师
张雅琴律师

出版发行　中国金融出版社
社址　北京市丰台区益泽路 2 号
市场开发部　（010）63266347，63805472，63439533（传真）
网 上 书 店　http: //www.chinafph.com
（010）63286832，63365686（传真）
读者服务部　（010）66070833，62568380
邮编　100071
经销　新华书店
印刷　河北鹏润印刷有限公司
尺寸　147 毫米 ×210 毫米
印张　11.375
字数　206 千
版次　2018 年 10 月第 1 版
印次　2018 年 10 月第 1 次印刷
定价　79.90 元
ISBN　978-7-5049-9606-0
如出现印装错误本社负责调换　联系电话（010）63263947